梦山书系

寻变

与域外教育面对面

罗朝猛◎著

海峡出版发行集团
THE STRAITS PUBLISHING & DISTRIBUTING GROUP | 福建教育出版社

图书在版编目（CIP）数据

寻变：与域外教育面对面 ／ 罗朝猛著.—福州：
福建教育出版社，2017.1
ISBN 978-7-5334-7615-1

Ⅰ.①寻… Ⅱ.①罗… Ⅲ.①教育研究－世界
Ⅳ.①G51

中国版本图书馆 CIP 数据核字（2016）第 323041号

寻变：与域外教育面对面
罗朝猛　著

出版发行	海峡出版发行集团
	福建教育出版社
	（福州市梦山路 27 号　邮编：350025　网址：www.fep.com.cn
	编辑部电话：010-62027445
	发行部电话：010-62024258 0591-87115073）
出 版 人	江金辉
印　　刷	福州万达印刷有限公司
	（福州市仓山区橘园洲工业园仓山园19号楼　邮编：350002）
开　　本	720 毫米 ×1000 毫米　1/16
印　　张	14.25
字　　数	198 千字
版　　次	2017 年 1月第 1 版　2017 年 1月第 1 次印刷
书　　号	ISBN 978-7-5334-7615-1
定　　价	32.00 元

如发现本书印装质量问题，请向本社出版科（电话：0591–83726019）调换。

目　录

第二辑　寻变：重塑学校

第三辑　寻变："打磨"师资

第四辑　寻变：再构课堂

第五辑　寻变：立德树人

用开放的心态拥抱巨变的教育世界

常生龙

古希腊哲学家赫拉克利特曾说过这样一句名言："世界上唯一不变的就是变化本身。"身处当今这一巨变的时代，更能深切感受到变化对社会发展、对人类生活的巨大推动力。罗朝猛老师的《寻变：与域外教育面对面》一书，引领我们走进这变化的时代，领略世界各国的基础教育在这巨变的世界里所做出的各种改变，以及在教育改革与发展的道路上的种种探索，这有利于我们站在世界教育发展的制高点上来思考所从事的事业，对我们持续推进教育综合改革、着力实现教育现代化是很有帮助的。

一

我国的教育，以 1905 年废除科举制度为起点，一直走在寻变的道路上。从清末的变法维新、洋务运动，五四新文化运动，到国民教育时期借鉴和学习美国和欧洲的教育，再到建国以后全盘移植苏联的教育模式，以及改革开放之后欧美的教育又成为学习和追赶的对象。一百多年来，我们始终在探索着、实践着、改变着，找寻具有中国特色的教育现代化之路，到目前依然在摸索之中。

仅改革开放以来三十多年的时间里，我国的基础教育就经历了五个阶段的变化，每一个阶段都有显著的特点。从 1978 年到 1984 年，以恢复高考为标志，基础教育从混乱的状态开始逐渐走向规范办学，重点中小学伴随着社会"快出人才、早出人才"的呼声而恢复。第二个阶段从 1985 年到

1992 年，以《中共中央关于教育体制改革的决定》、《中华人民共和国义务教育法》的颁布为契机，拉开了基础教育法制化的序幕，并从改革教育体制这一关键点切入，在教育结构、教育思想、教育内容、教育方法等方面全面实施改革。第三个阶段是 1993 年到 2000 年，积极推进以"素质教育"为核心的微观教育改革，强调要克服"应试教育"所带来的中小学生课业负担过重问题，通过转变教育思想、更新教育观念，全面认识人才观、质量观来化解相关的矛盾。实行国家、地方、学校三级课程管理体系。第四个阶段从 2001 年到 2010 年，以提高质量、均衡发展和制度创新为重点，推进基础教育的深化改革。全面普及九年义务教育，积极发展各类教育，形成体系完备、布局合理、发展均衡的现代国民教育体系和终身教育体系。第五个阶段从 2011 年至今，以实施《国家中长期教育改革与发展规划纲要》以及全面推进教育综合改革为抓手，着力转变教育的发展模式，通过实施招生考试制度的改革、管办评分离等，促使基础教育从效率优先转向育人优先，将立德树人作为教育的根本任务，将目光聚焦在核心素养的培育上。

我国基础教育寻变之路，始终与世界各国基础教育的发展变革趋势相呼应。伴随着改革开放的持续深入以及互联网的普及，世界各国基础教育改革的新趋势、新动态，能够以几乎同步的方式被我们所了解，这为我们自身的教育变革提供了更为广阔的视角，让我们可以在借鉴、比较之中找准自己的变革之路。我国基础教育改革开放以来的历次变革，既体现了与国际先进教育理念的接轨，也突出了我们自身的教育特质。

二

在我国启动改革开放的同时，世界各国以及越来越多的国际组织，都纷纷开始关注教育问题，从 20 世纪 80 年代开始，启动了一系列教育改革举措。进入 21 世纪后，联合国教科文组织、世界银行、经济合作与发展组织、欧盟、联合国儿童基金会等国际组织每年都会基于调查研究，发布重要的教育报告，诊断国际教育发展问题，引领国际教育的发展趋势。世界各国也不断加快教育改革的步伐，涉及教育几乎所有的领域都在尝试着改变，这从《寻变：与域外教育面对面》一书中就可以充分感受到。

阅读罗朝猛老师的这本书，你会发现，不同的国家以及国际组织，在实施基础教育变革的过程中，其着力点各不相同，实施的路径也千差万别。但从大的方面看，大致有如下几个方面的共同特点：

第一，世界各国以及相关的国际组织都将教育改革作为增强综合国力的战略举措。在科学技术迅猛发展以及经济全球化的今天，人们越来越清醒地意识到，教育的成败和国家未来的命运、民族的命运紧密地联系在一起，未来社会具有国际竞争力的公民，就取决于今天的学校以及所实施的教育。于是，各国纷纷通过教育立法、出台新的教育政策等多种举措，来确保教育的优先发展。强调教育必须全面关注学生的全面发展，既要培养学生面向未来必须具备的核心能力，又要让学生养成良好的个性品质，特别是作为一个公民的基本素养。

第二，普遍将课程教学改革作为教育综合改革的核心。在课程政策上，注重国家课程的统一性与学校课程灵活性的动态平衡，既关注国家核心课程的实施，又鼓励学校和教师建设校本课程；在课程结构上，注重课程类型、课程内容和课程形态等方面的调整和完善，以满足学生全面发展和多样化发展的需要；在课程建设上，强调从课程编制、课程实施到课程评价的一体化设计，以课程目标贯穿其中，突出三者的一致性。重视发挥评价对课程教学的导向作用，关注过程、突出评价的诊断、激励功能；在改革方向上，从以课程为中心到以学生为中心，一方面要关注每一个学生，突出全员化发展，另一方面要看到每个学生都是不同的，体现个性化发展。

第三，普遍重视教师在学生成长、学校发展中的关键作用。逐渐提高入职的门槛，对教师的学历提出更高的要求，整体提升教师队伍的专业水准；通过绩效改革不断增加教师的收入，确保其不低于当地公务员的薪酬水平。在让教师有获得感的基础上，不断提升教师的职业使命感，以及对教育工作有一种从一而终的虔诚；通过一系列的培训机制，激励教师不断提升育人本领和教育功底，更好地肩负起教育的职责和使命；切实转变教师的教育观念，做"目中有人"的教育，把"以人为本"的教育理念真正落到实处。树立终身学习的理念，努力成为学生学习的指导者、引领者和陪伴者。

第四，普遍重视信息化对教育转型发展的支撑作用。设置或改进信息技术教育课程，提高学生对信息收集、整理、分析、预测的能力，促进学生信息素养的提升；为学校、教师和学生提供数字化的校园环境，以及丰富的教育资源，让大家能够方便地运用信息化的工具来处理和分析教与学的事务；重视数据的积累与分析，挖掘数据背后的教育因素，发现日常教育现象背后的教育逻辑，改进教师的教和学生的学；实施教学流程再造，让个别化的教学、个性化的学习成为可能，实现从信息工具的使用到教学模式的改变，并以此来影响学校形态的变化。

第五，普遍重视道德、价值观和国际理解教育。在人际关系方面，引导学生承认自我与他人生存和发展相互依赖的关系，学会尊重他人、做诚实可信的公民；在社会方面，引导学生维护国家和民族的利益，维护法律的尊严，重视公民的义务和责任，尊重宗教和文化的多样性。在自然方面，要让学生理解自然和社会共同构成的环境是人类生命和生存的基础，要对未来和可持续发展抱有责任感，理解人在自然中的位置，努力保持自然的平衡性和多样性。

这些共同的特点，体现着世界各国基础教育实施变革的共同价值追求，是我们在深化教育领域综合改革的过程中要汲取的思想精华。

三

世界基础教育的改革如火如荼，我国的基础教育走向现代化的步履也无比坚定。身处这样的时代，每一个教育工作者都面临着巨大的挑战。我们的教师大都是在应试教育的环境下成长起来的，已经习惯于应试教育的模式，也在用这样的模式来教育下一代。教育改革要求教师转变教育模式，这对他们来说无比艰难；零起点、等第制、走班教学、翻转课堂……一个接一个新的教育改革举措如雨后春笋般地突然来到教师的面前，要求教师放弃习以为常的备课、上课、作业、评价的工作流程，改变自己的工作习惯，尝试着依据这些新要求来实施教学，这无疑是在"革"老师的命；从关注教学流程和教学内容，到关注学生个体的发展，需要教师要目中有人，要关注学生在学习过程中各具特色的表现，要能够给不同的学生画出不同的"像"来，做出符合他们个性特征的评价；……学校所面临的挑战也是前所未有。整齐划一的教育管理模式，在注重学生的个性发展的今天，已经跟不上社会发展的步伐；管办评分离的改革与试点，要求学校构建以章程为核心的现代学校制度体系，从管理走向治理；由学校是开展学习的主要场所，到现在倡导人人皆学、时时能学、处处可学，学校的疆界正在被拓展；由传统意义上的文化孤岛，到社会、家庭一起参与学校教育的变革，"三位一体"的教育治理新格局正在形成之中……

挑战和机遇总是结伴而行。越是面临困难甚至挑战，越潜藏着发展的重要机遇。以不变应万变，在今天完全行不通。教师原有的那一桶水，和每天所创造出来的信息之海相比，就如沧海一粟，如果教师自己不能成为学习者，不能紧紧跟上这日新月异的变革步伐，很快就会被这个时代所抛弃。盲目的照搬照抄他人的教育经验，也常常会犯水土不服的毛病。几乎所有的教育经验和理论，都是在特定的环境或者条件下所提炼总结的，都有其局限性，不能生搬硬套。比如说传统文化中的儒家学说，就是建立在农耕文明的基础上，与工业文明没有什么关系。农耕文明时期的道德主要是私德，工业文明时期所需要的秩序、契约等社会公德，在那个时代几乎没有什么市场。教育改革需要继承传统，但如果不明白传统文化诞生的社会环境，总是期望用过去的经验来解决今天教育发展的问题，就可能会在改革的道路上走弯路。再比如说杜威的实用主义教育思想以及他所推行的新式学校、新式教育，是建立在以工商业为主的城市教育的基础上的，对世界各国的教育都产生了很大的影响。陶行知在将其教育思想和理论引进中国的时候，就没有照单全收，而是依据当时中国遍地文盲的现状，对其进行了改造，用省钱、省时间、通俗易懂的方式开展平民教育，形成了颇具中国特色的生活教育理论，直到今天，陶行知的教育思想依然熠熠生辉。

以开放的心态来拥抱这巨变的世界，着力把握世界各国教育改革的趋势和动态，仔细审视我们自己在教育改革道路上的经验和缺陷，汲取他人的教育智慧，弥补我们在实践中的短板和缺憾，我们就有可能在改革的征途中做得更好。而罗朝猛的《寻变：与域外教育面对面》一书，就为我们提供了登高望远的阶梯。

（作者系上海市虹口区教育局局长，2012年度《中国教育报》推动读书十大人物）

教育国际视野从哪里来

尽管世界各国教育制度有异，但教育无国界，尤其是在全球经济一体化的今天，那种"老死不相往来"的日子早已一去不复返了，我们迎来了一个更加开放与资讯非常发达的时代。

他山之石，可以攻玉。随着我国教育现代化进程的加快，教育国际化就显得日益重要，如何将国外的先进教育理念和教育教学改革的经验与我国本土化的教育实践嫁接与融合，如何做到洋为中用，是我们需要思考与解决的课题。

于我而言，阅读是拓展我教育国际视野的主渠道之一。我国著名教育家顾明远先生等主编的《国际教育新理念》、陶西平先生主编的"基础教育国际化丛书"、钟启泉教授等主编的《现代日本教育课程改革》、冯增俊教授主编的"新世纪国际基础教育丛书"、范国睿教授主译的《教育管理学——理论·研究·实践》、曾天山等主编的"G20国基础教育丛书"等都是提升我教育国际化眼光的必备书目。

研读比较教育类的期刊，为我走近域外教育打开了另一扇门。《比较教育研究》、《外国教育研究》、《外国中小学教育》、《世界教育信息》、《上海教育·环球时讯》、《中国教育报》的"环球周刊"等报刊无疑拉近了我了解国外教育的距离，这些报刊各具特色，大都涉及外国教育思想、理论与思潮、改革前沿动态等。

浏览国际组织和发达国家教育部官方网站及世界主流媒体网站中的教育专栏，是我瞭望国外教育的主要窗口。联合国教科文组织、欧盟、世界经合组织（OECD）等官方网站时常发布一些世界教育政策走向文件、公告一些发达国家教育发展权威数据对比分析报告，它们为我们思考自身的教育工作提供了可资借鉴的参照。世界主要发达国家的教育部官方网站，是我了解这些国家教育改革的重要信息源。

这里要特别推介部分世界主要媒体有关教育类的网站，它们值得我们每天花点时间上去逛逛，主要有美国的《纽约时报》、《华盛顿邮报》、《教育周刊》和《美国新闻与世界报道》；英国的《卫报》、《独立报》和《泰晤士报高等教育副刊》；日本的《朝日新闻》、《读卖新闻》和《世界日报》；澳大利亚的《悉尼晨报》；加拿大的《环球邮报》；等等。

除了广泛阅读，开阔我教育国际视野的渠道还得益于1997—1999年曾经被公派留学日本。在日学习期间，主动和被邀请到过一些日本中小学开展交流活动。近些年来又数次赴日本中小学考察，使得我对日本教育尤其是当下的日本基础教育的改革与发展动态有了更加深入的了解。

拓展我的教育国际视野的另一渠道就是到国外学校进行实地考察。近10年来，因公或因私，先后赴澳大利亚、韩国、美国等国家中小学学习交流，让我走马观花式地了解到这些国家教育的皮毛。

近年来，有幸能与美国国家年度教师面对面。雷夫·艾斯奎斯、丽贝卡·米沃奇等相继来华，聆听他们讲述各自的教育理念、教师生涯、课堂改革、专业发展等，让我享受了跨越国界的教育教学交流思想盛宴。通过聆听他们的演讲和与他们的问答互动，加之阅读我国出版的诸如《第56号教室的故事：雷夫老师中国演讲录》、《与美国国家年度教师面对面》等书籍，让我零距离地与美国教师进行交流，加深了我对美国基础教育的了解与把握，打开了眼观美国教育的窗户，引发了我对美国基础教育的进一步思考与追问。

眼看耳听是拓宽我教育国际视野的基本路径，把所看到与听到的域外先进教育理念和实践经验与同行分享，为我所用，这才是拓展教育国际视野的初衷。为此，这些年来，我边阅读边积累，且行且思。一方面，第一时间把域外有关教育法律、教育新政、课程改革等重大教育改革举措的资料进行梳理成文，公开发表在《比较教育研究》、《中国教育报》等报刊；

另一方面，在国外中小学考察过程中我将所闻所感都以考察报告、教育日志等形式记录下来，部分刊于《上海教育》、《中国教师报》等，部分分享在我的新浪博客中。

寻变，是世界教育发展的主旋律与永恒主题。拙著《寻变：与域外教育面对面》，以"寻变"为主线，是在对近些年所公开发表的有关推介当下发达国家教育寻变文章进行挑选加工而成。全书由五辑组成，主要内容包括："顶层设计"、重塑学校、"打磨"教师、再构课堂、立德树人。

我希冀，小书的出版能有助于我国教育行政工作者、中小学校长与一线教师进一步拓展我们的教育国际视野，对我们理性与客观观察和看待域外教育的是与非提供另一视角。

是为序。

罗朝猛

2016 年 3 月 25 日

第一辑

寻变：『顶层设计』

　　教育寻变, 有些发达国家喜好走"上层"路线, 即站在国家战略的高度, 从教育立法、教育政策、教育体制、课程改革等方面作好"顶层设计", 因为在他们看来, 自上而下的教育寻变才是推进教育整体改革的基石。

　　为此, 美国试图用"变法"来撬动教育变革; 英国打出两张"王牌"启动教育寻变, 一是把课程改革和问责制作为"抓手", 二是以"学院式"学校的开办助力办学体制转型; 澳大利亚拟通过打破公立与私立教育系统的壁垒, 以促进公立与私立学校之间的融合; 以色列和韩国不谋而合, 把教育寻变的战略定位在出台新举措力促基础教育改革。

　　此外, 欧美、俄罗斯、日本等把教育督导作为教育寻变的突破口, 以质量监控为重点, 以改进与发展为目标, 实现了达成部分促进教育质量提升的宏愿。

01. 美国: 从"不让掉队法案"到"成功法案"

　　2015 年 12 月 10 日, 美国总统奥巴马签署了《每一个学生成功法案》, 取代了《不让一个孩子掉队法案》。《华尔街杂志》社论指出,《每一个学生成功法案》"代表了 25 年来联邦对于各州控制的最大转移";《纽约时报》则认为, 新法案代表着"一个时代的终结, 即联邦政府咄咄逼人似地控制公立学校成绩的时代的终结，从而将控制权归还于各州和地方学区。"

美国总统奥巴马在白宫签署《每一个学生成功法案》

毋容置疑，美国是一个法律至上的国家，适时修订法案本也符合美国的法制精神，但究其此次美国修订基础教育质量法案的真实动因，其实是与全美社会对公立学校教育不满意休戚相关的。尽管奥巴马政府为改善教育相继出台了不少新政，就连美国电影人都还拍摄了诸如《超级教师》这样的电影大片，想通过舆论来唤起美国民众合力拯救美国公立学校教育的信心，但这一切举措都收效甚微。

掀开美国现代教育史，我们不难发现，在过去的四分之一个世纪，美国联邦教育政策一直在一个方向上徘徊：即对基于标准的基础教育质量进行重新设计；过分依赖于标准化测试；学校、教师要为学生成绩而负责，否则将被问责；等等。

2002 年，小布什政府推出《不让一个孩子掉队法案》，宣布"全国所有的孩子在 2014 年之前，在阅读和数学方面均须达到'熟练掌握'的标准"。这一法律"开启了美国公立教育系统中考试和责任制的新时代。"

长达 1000 多页的《不让一个孩子掉队法案》，提炼起来，其主要内容包括以下七大方面：其一，建立中小学教育责任制；其二，给地方和学校更大的自主权；其三，给孩子父母更多的选择权；其四，保证每一个孩子都能阅读；其五，提高教师质量；其六，测试各州学生的学习成绩；其七，提高移民儿童的英语水平。

概言之，中小学教育责任制的总目标，就是规定全国所有学生的阅读、数学和科学的成绩，在 2014 年前必须达到熟练水平。

在曾经担任美国教育部助理部长的美国学者戴安·拉维奇看来，虽然该法案给学校改革赋予了新的定义，但《不让一个孩子掉队法案》只有"大棒"而没有"胡萝卜"。基于考试而非课程标准的达标成为了美国的教育政策。学校改革的标志性特点就是达标、决定一切的考试、以数据结果为导向的决策、择校、特许学校、学校私立化、撤销管制、绩效工资和学校间的竞争，总之，一切都要用可测量的数据说话。

事实上，自《不让一个孩子掉队法案》出台迄今已过去了 14 年，该法案没有兑现当初"没有孩子会掉队"的承诺。与现实截然相反的是，各种措施没有奏效，制裁也没有发挥应有的作用。

换言之，《不让一个孩子掉队法案》没能带来学生成绩迅速提升。与此相反，美国教育进展评价组织的考试分数显示，在此法律实施后的四年里学生成绩提高非常有限或者说几乎没有提高。为此，有美国学者抨击道，仅凭考学生、羞辱教育工作者和关闭学校是无法带来高品质教育的。

特别是近几年来，这一法案给各州的学校教师包括学生都增加了不小的压力。因为每年的考核与惩罚措施密切相连，学生的成绩直接作为教师考核与是否继续留任的主要依据，对于州统考成绩未达标的学校要受到惩罚，有的甚至会被关闭，结果导致出现了有少数州的学校、教师和学生为了成绩达标而进行舞弊的丑闻出现，此时，这一法案被指责是引发美国教育乱象的元凶。

在签署《每一个学生成功法案》之前，奥巴马发表讲话说，《每一个学生成功法案》的出台是"建立在已经帮助我们取得了这么大进展的改革基础之上，但在实践中导致花在测试的时间上太多。"

从美国各大媒体的报道来看，新法案顺利通过得到了美国国会和民主与共和两党的支持，也得到了全美教师联合工会、各州州长和校长，包括公民权利团体的认可。

据报道，《每一个学生成功法案》的出台，意味着各州州长、学校董事会和教师可以立即开始自己的计划，并作出自己的决定，测试如何设计，有多少测试，他们的学术标准是什么，用什么样的标准来决定学生的成绩。

一言以蔽之，《每一个学生成功法案》终结了原本规定的联邦以测试成绩为基础的问责制，代之以州问责制，将控制教育的权力归还给各州、地方学区和学生家长，主要体现在以下三个方面：

第一，弱化联邦管理权力。废除联邦问责制和49个无效的项目；结束联邦强制性高风险考试的时代；阻止联邦政府强迫各州采纳共同核心标准；对教育部部长的权力进行了前所未有的限制。

第二，恢复地方责任权力。将问责制和改善学校的责任归还给州和地方管理者；为学区提供更加灵活的资助；保护各州制定教育标准和评估的权力；允许各州自愿退出联邦教育项目。

第三，赋予家长更多权利。为家长提供有关地方学校绩效的信息；加强特许学校和"磁石学校"项目，便于家长选择；阻止联邦政府干预私立学校和家庭学校；在符合条件的学区允许资金跟随学生转移。

具体来说，根据美国众议院教育与劳工委员会网站对该法案进行的系统梳理，该法案共提出了以下十一项改革举措。第一，废除联邦"适当的年度进步"问责制，以州问责制代替；第二，保持关于学生成绩的重要信息；第三，肯定州对标准的控制；第四，帮助各州改善薄弱学校；第五，为所有学生的学习成果而改进问责制；第六，为处境危难的儿童提供资金；第七，帮助各州提高教师质量；第八，支持处于危难中的人群；第九，提供更大的资助灵活性，加强对学生和学校的支持；第十，提升家长的高质量选择；第十一，保留并加强关键项目。

很显然，新法案显著简化和减少了现有联邦项目的数量，用综合的州设计制度替代现行法律下统一的"适当的年度进步"联邦问责制，并且减少了不必要的测试。各州的问责制以对学校的创新性评估为基础，利用多种方法来评估学校绩效，而不仅仅依靠考试分数。

在《每一个学生成功法案》付诸实施之际，尽管有人指出，该法案将释放一个创新和卓越的时代，但其未来的前景及其对美国教育改革所能产生的意义，目前也备受质疑。所以，它对于美国基础教育发展和改革会产生怎样的影响，还需要时间与教育实践来明证。

02. 日本：教育立法需穿越"五重门"

日本是一个崇尚法律主义的国家，将教育立法上升到国家中兴的战略高度，其教育法律数量之多，且已形成完备的体系。凡是涉及教育的问题，大到教育政策，小到具体教育实践，都要通过立法来加以解决，此举在世界范围凤毛麟角。

根据《日本国宪法》规定，日本国会是"国家权力的最高机关"和"唯一的立法机关"。据此，日本的教育立法机构是国会，国会由众议院和参议院组成，教育法律需经国会参众两院决议后才能成立。

从立法程序上讲，日本教育立法遵照以下两种立法程序。第一种是由议员提出法律案的教育立法程序：众议院议员——众议院文教委员会——众议院——参议院——法律；第二种是由内阁提出法律案的教育立法程序：文部科学省——中央教育审议会——文部科学大臣——内阁法制局——内阁会议——国会——法律。

从立法过程来看，日本教育立法（含废除和修订）从立法准备到正式颁布，要穿越以下"五重门"。

第一，穿越教育立法"准备之门"。首先建立起起草教育法律的机构。该机构的成员主要由日本文部省官员、教育专家、法律专家等构成。其次进行调查研究，做好教育立法预测、编制教育立法规划、形成教育立法倡议；最后拟定教育法律草案，多方征求意见，反复修改，为日本议员或内阁提供成熟的教育法律草案。

第二，穿越教育立法议案"提出之门"。立法议案又称法律案。由议员提出法律案时，众议院需由20名以上的议员，参议院需由10名以上的议员赞成才有效。

第三，穿越提交众议院"审议之门"。对内阁或议员提出的法律案，经文部大臣通过后提交给众议院。在众议院，首先提交众议院文教委员会审议，然后再提交众议院审议，由众议院决定批准或否决此议案。

第四，穿越提交国会"表决与通过之门"。经众议院通过的教育法律案，再经参议院通过，即成教育法律。若在参议院被否决时，经众议院三分之二的多数通过即成教育法律。

第五，穿越"颁布之门"。经国会通过的教育法律，由文部大臣署名，同时由内阁总理大臣联署，然后由天皇作为国事行为颁布。

概言之，日本教育立法非常重视过程性，旨在保持法律的连续性、严肃性和稳定性，以增强法律的效力。下面拟以日本新旧《教育基本法》为例，具体说明"二战"后日本教育立法的过程。

具有"准宪法"和"教育母法"性质的日本《教育基本法》的成立，在日本新宪法民主主义与和平主义原则指导下，立法进程相对顺畅。

日本《教育基本法》的诞生，除了蕴含集体的智慧与力量，更是"三重奏"的结晶。时任文部科学大臣田中耕太郎是《教育基本法》制定的主导者；享有日本公法学界第一人美誉的当时兼任文部科学省参事田中二郎，是教育基本法案起草的主笔，这两位田中曾经都是东京帝国大学法学院教授；时任教育刷新委员会副委员长的南原繁是《教育基本法》出台的幕后主推手。

1946年6至7月，在日本有关宪法修订的议会上，田中文部大臣对《教育基本法》的构想在议会上进行了答辩。为推进《教育基本法》的制定，

1946年8月，日本成立了内阁总理大臣的教育事项咨询机关——教育刷新委员会（1952年更名为中央教育审议会）。该委员会主要由来自行政机关、教育、宗教、文化、经济、产业界权威人士组成，最初任命38位委员，委员长为前文部大臣安倍能成。这些委员中不仅有大学知名教授，还包含中小学校长，其主要工作就是帮助幕僚起草日本《教育基本法》及其他教育改革立法草案。

为审议"教育的根本理念"，日本政府决定设置特别委员会，即第一特别委员会。在该委员会第三次会议上，田中文部大臣提出了"教育基本法相关事项的具体构想"。根据此构想，各位委员展开了认真的研讨，在对于教育基本理念表述的问题上，进步派与保守派之间展开了激烈的争论。

为了形成《教育基本法要纲案》，第一特别委员会共举行了十二次审议会。其后将讨论与审议的结果整理成了《教育基本法要纲案》。1946年11月，教育刷新委员第十三次全体委员会采纳了第一特别委员会的"要纲案"报告。同年12月将此"要纲案"提交给时任内阁总理大臣吉田茂并建议他采纳，并经教育刷新委员会最终确认，然后由文部省拟定成法案，于1947年3月提交日本国会审议。经过众议院和参议院讨论通过，于1947年3月31日正式公布和实施。

可以说，日本《教育基本法》的出炉，第一特别委员会功不可没。其实，该委员会所开展的这些研讨，有时也参照教育刷新委员的意见。此外，第一特别委员会所达成的决议，实际上都是围绕文部省审议室所提出的教育基本法案所做的研讨而形成，而文部省审议室的法案乃是以田中文部大臣所提出的教育基本法立法构想为蓝图制定的。

事实上，日本《教育基本法》制定过程中还有些"插曲"。1947年3月1日和3月4日，日本内阁对"教育基本法案"进行了讨论与审议，最后决定在《教育基本法》第一条（教育目的）中增加了"自主精神"；日本天皇的咨询机关枢密院在审议"教育基本法案"时，在《教育基本法》第一条（教育目的）中"国家与社会"前面增加了"和平的"这一限定语，将第十条（教育行政）中的"教育对国民直接负责"修改为"教育对全体国民直接负责"。上述这些重大修改为《教育基本法》的日臻完善增色不少。

与 1947 年颁布的日本《教育基本法》立法进程截然相反，日本《教育基本法》的修订过程迂回曲折。此次修订是该法自 1947 年问世以来首次修订。

"二战"后《教育基本法》修正案的始作俑者是自民党，从 1949 年 5 月至 2003 年 4 月共有 41 次提案要求修订。

2000 年 3 月小渊内阁时期设立了教育改革国民会议，该机构提交了有关教育改革的 17 件提案，其中 15 件是与《教育基本法》的修订和教育振兴基本计划的具体政策直接相关联的。2001 年 11 月，日本召开中央教育审议会对《教育基本法》修订进行咨询与审议，重点审议的内容包括《教育基本法》的全面修订论与部分修订论等六大方面。

2003 年 3 月，日本中央教育审议会对咨询报告《有关符合新时代的教育基本法及教育振兴计划的设想》进行了答辩，明确了《教育基本法》的修订方向。同年 5 月，执政党召开了与《教育基本法》修订有关的第一次协商会。同年 6 月成立了"执政党教育基本法修订研讨会"机构。自此，《教育基本法》修订被列入执政党的重要议程。

之后上台的安倍政府于 2006 年组织了教育再生会议，其中召开多次专门会议讨论《教育基本法》的修订，同年 4 月 13 日，执政党召开了《教育基本法》修订第十次协商会议，发表了该修订案的最终报告。同年 4 月 28 日，日本政府向第 164 届通常国会提交了彻底修改《教育基本法》的议案。

日本第 164 届通常国会于 5 月 11 日、5 月 16 日和 6 月 18 日分别就《教育基本法》修订的趣旨、提案理由进行说明与质疑。9 月 26 至 12 月 19 日，日本召开第 165 届临时国会，分别于 9 月 28 日、11 月 15 日、11 月 16 日、11 月 17 日、11 月 22 日和 12 月 14 日对有关《教育基本法》修订的趣旨、提案理由再次进行说明与质疑。同年 12 月 15 日，执政的自民党和公明党不顾在野党的反对，强行表决通过修正案，并以法律 120 号文于 22 日颁布实施。

()3. 英国：“学院式”学校助力办学体制转型

据英国《卫报》报道，自 2010 年卡梅伦联合政府执政以来，英国教育以“学院式”学校不断崛起为突破口，改革步伐加快，教育质量迅猛提升。

化学课上，教师文森特·帕鲁博首先将一罐凝胶打开，当着全班学生的面把部分凝胶涂抹在自己的头发上。他边演示，嘴里不断唠叨向学生提问：“如果我到海边游泳，我的头发将会变得凌乱，为使头发不变形，我该怎么办？”抛出此问题后，帕鲁博随即把凝胶喷射到有盖培养皿中。当他把少许盐添加到凝胶里时，聚合物分解了，黏性的水珠分解成了半透明的胶泥。此时，孩子们的眼睛泛起了蓝光。

原来，这是一堂关于聚合反应的中学化学课，即把分子链接起来产生复杂的链的过程，这就是在与哈里斯“学院式”学校类似的新型学校中倡导实施的一种教学互动课，把原来非常抽象的知识与日常生活中的聚合物——凝胶联系起来变得异常简单。很多年前，哈里斯“学院式”学校并不是一所好学校。

哈里斯“学院式”学校位于南伦敦南诺伍德，是 2007 年 9 月在斯坦利技术高中基础上改制而成的一所新型学校。这种“学院式”学校，直接由英国中央政府拨款，同时也接受志愿者团体、慈善组织等的捐赠，学校独立运营，不受地方教育行政部门掌控。哈里斯学校最大的资助者是白手起家的欧洲地毯零售商佩卡姆勋爵。

哈里斯学校仅是哈里斯集团 13 所“学院式”学校之一，现有中学 12 所和小学一所，该集团还将计划在近年再开办 5 所。

在哈里斯集团，资助者拥有任命学校管理层的权限；学校拥有更大的教师薪酬与工作条件自由裁量权；赋予学校在安排每天时间表上更多自由；教师虽然要求必须要教授国家课程核心部分，但却被给予了他们所教科目与教学内容的自主空间；教师每年可获取他们最高正常收入的额外 1500 英镑，同时还有附加福利，包括在集团消费给予20%的折扣。

数年，原斯坦利技术高中仅有五分之一的学生通过英国普通中等教育证书考试，这个成绩远远低于当地和英国的平均水平。自改制以来，学校狠抓教育质量。去年夏季，该校74%的学生在英语和数学统考中获得了"五好"成绩，远远高于全英获"五好"成绩比例的58%。据此，英国教育标准局把该校评估为"杰出"学校。

当课间休息的钟声在南诺伍德哈里斯学校响起的时候，孩子们静静地走向走廊，谈笑风生，没有吵嚷，没有推搡或奔跑。这些身着酒红色运动茄克衫的男孩女孩就是学校最好的宣传"名片"。

该校今年年满16岁的詹森·凯尔弥，现处于参加普通中等教育证书考试阶段，他对于学校前身的声誉非常清楚。他说："我妈妈想让我接受最好的教育，她觉得我来这里会实现我的夙愿。"凯尔弥打算修习数学、生物和化学的A-level课程。他把未来的目光投向到罗素大学集团成员之一的伯明翰大学，或者是伦敦帝国理工学院。

在哈里斯学校，赞助商角色定位非常清晰，他们力求扮演一个实用的角色。哈里斯集团首席执行官丹·莫伊尼汉说："从一开始我们就观摩了很多课来了解教师的长处和不足，然后基于这些长处与不足设计培训方案。大部分教师对这些培训都很容易接受。如果一个学校有困难，大部分教师会说，'开始吧，我们如何能变得更好？'不太容易接受的教师通过与来自其他学校有这种培训经历的教师合作，这种不易接受的情绪很快就消失殆尽。"

英国"学院式"学校从酝酿到如雨后春笋般发展壮大，经历了逾十载的历程。英国前首相托尼·布莱尔可以说是这类新型学校创办的开创者。2000年，他提出开办一种类似于美国特许学校的学校，即国家资助，社会团体捐助，不受地方政府控制与直接管理，享有比其他公立学校更大办学自主权，独立运营的学校，其宗旨就是想通过改制来为学校注入新的活力，以此来改善与改进那些处于经济不发达地区或农村地区的薄弱学校，最终提升全英整体教育质量。布莱尔执政时期，将此类型的学校命名为"城市学院",后来英政府为使这种学院除了在城市开办也可适宜于偏远的不发达农村地区,故将"城市"二字去掉,唯剩"学院"二字沿用至今。

2002年第一所"学院式"学校创立。2004年,墨斯本"学院式"学校开办。这所学校的前身是海克尼当斯学校,1990年该校被斥为"全英最差中学",并于1995年关闭。但该校自转制以来,教育质量脱胎换骨,在普通中等教育证书考试中,该校一度达82%的学生获得了"五好"成绩。更可喜的是,2011年该校共有10名高三学生获剑桥大学有条件录取。

2010年工党下台时"学院式"学校已初具规模。卡梅伦联合政府接棒后加快了"学院式"学校发展的进程。应该说,时任教育大臣迈克尔·戈夫是促进此种类型学校发展的有力推手。他曾感叹道,英国有太多贫困孩子接受的是最糟糕的教育。政府希望通过"学院式"学校的建立,让所有孩子都有机会接受富人子弟享有的教育。当戈夫谈起《学院式》学校,他的情绪一下高涨起来。他说:"当一所学校成为了'学院式'学校,焦点就只有一个,那就是孩子们。但问题是,我们怎样能够保证有效利用我们拥有的更多自由与额外资源,来提升这些最穷孩子的成绩?"

为推进"学院式"学校发展,2010年英国颁布了《学院法案》,其主要内容有二:其一,提出为保障更多的学校转制成"学院式"学校,并给予学校自身发展所必需的更多自由与灵活性;其二,政府期望能通过此举改变现行教育制度。法案的核心目标指向为所有学生提供适合自身发展的教育标准,以缩小成绩优异学生与差生之间的距离。

与以往不同的是,该法案言明,允许所有的学校包括优质学校都可申请转制,转制的学校可以不需要赞助商资助,可由学生家长、教师或慈善机构承办。显而易见,此举已从原来作为一种扭转薄弱学校的工具,逐渐演变扩展到作为提升所有学校质量的抓手。

英国教育部发布的数据显示,截至2013年3月,"学院式"学校已经逾1635所,即英国50.3%的公立学校已成为或已经申请将成为"学院式"学校,这将意味着这些学校不需再向地方当局负责,而只是直接向中央政府报告,这一里程碑意义的学校转制进程把英国联合政府进行的教育改革推到了风口浪尖。

英国"学院式"学校自创办以来励精图治，已取得了公认的不俗成绩，逐渐凸显其自身的特色与亮点。戈夫曾向人描述他在一所"学院式"学校看到的这样一幅场景：一位着衬衫的教师在努力指导一群充满激情的学生开展阅读。英国政府权威报告表明，无论是在普通中等教育证书考试抑或其他考试中，"学院式"学校成绩进步的幅度要高于与之对比的其他公立学校和全国平均水平。

有英国学者认为，英国"学院式"学校的涌现与崛起，最了不起的事情是，这项教育改革运动既不是依靠政治家指引航向，也不是凭借政府官僚对教室所发生的事情做事后诸葛亮式的评论。开办"学院式"学校在于提高学校独立运营的能力与水平。这一点，有人认为，结合压力和来自外部赞助商的专业指导，将助力学生提高成绩。

有人发表评论说，卡梅伦联合政府的改革，开拓了教育市场的前景，创办新型学校意味着给学生增加竞争，同时政府财力资助随之而来。戈夫鼓励扩大优质学校数量，希望以此能给其他一般学校带来压力。

英国大臣们争辩说，给了"学院式"学校更多的"自由"，就意味着要有更多的创新，要更好地回报学生们的需求。位于诺丁汉郡的嘉诺格里城市"学院式"学校，引进了一年五学期制，10至11岁学生学习的主题为"国际贸易"，而不是一般的学科科目。该校课程主任马特·巴克斯顿说，学校有能力为学生挑选最好的课程，以满足不同学生的需求，这正是学校发展的未来路向。

来自伦敦政治经济学院，由史蒂芬·梅钦和杰姆斯·弗罗伊特所做的实证研究发现，现行"学院式"学校以前都曾是薄弱学校，但由于转制，在普通中等教育证书考试中，学生成绩"显著提高"，这是不争的事实，他们改制后吸引了能力强的学生。

"学院式"学校的影响，从根本上削弱了当地教育主管部门的权力。政府正在从原来的雇用教职员和为学校划拨经费的角色转变成"看门狗"的角色，对于诸如学校招生和开除学生这样的事务他们将彻底"放手"。

其实，"学院式"学校运动的真正核心价值，在于解放教师及教师领导者来尽力为学生做点事情。戈夫明确表示，我们应当要让那些对教育充满理想的有志之士来驾驭教育。任何一个关心社会分层的人都应该支持"学院式"学校。

然而，来自政府的批评者说，"学院式"学校并没真正取得他们声称的成功。就成绩而言，若说他们成功了，却是因为他们含有职业科目的成绩抬高了分数，或者是剔除了那些可在公立学校就读的所谓学困生。

对于新政府教育改革的批评，还源于"学院式"学校的学生开除率要高于公立学校。英国官方统计数据表明，在2009—2010年间，有0.3%的学生在"学院式"学校被永久性开除，而公立学校被永久性开除的比例仅0.14%。

事实上，"学院式"学校也不是包治百病的灵丹妙药，与其他任何体制的学校一样，他们也可能会遭遇失败。地处绍斯波特伯市的克戴尔"学院式"学校，2007年被评估为优异且具有鲜明特色，但在最近一次评估中被英国教育标准局要求采取特别举措。评估视察者说学校未能提供给"学生能接受的教育水准"。评估报告责备该校领导办学措施未能提升教学质量和处理学生坏的行为不力。该校教育质量滑坡已有数年，但没有迹象表明，该校自2011年8月转制后有了明显的改进。

对于"学院式"学校的改革也引来不少来自教育工会、学生家长和地方政府的批评，他们把学校的改制视为国家教育私有化的烟幕弹。他们反对"学院式"学校教师不需遵守国家有关薪酬与工作环境的规定，反对学校不需要被当地政府问责。英国教育评论员菲奥娜·米勒评价说，英格兰"绝大多数"的小学和中学都已经选择不转制成"学院式"学校，为什么政府偏要"不得不强迫它们"成为其中的一员。他还表示，在不确定的时代，很多学校都对转制成"学院式"学校持谨慎态度。如果出现校舍屋顶倒塌这样救急的事情，他们都得转向求助当地政府。如果一所学校独立运营，那么它就不会得到像这样的支持。

此外，将"学院式"学校推广到优质学校，是否有其积极的影响，人们存有疑虑。反对者在伦敦温布利球场外露营抗议再开办"学院式"学校，他们认为"学院式"学校不受当地老百姓欢迎。英国教育工会也希望看到"学院式"学校重新回到地方政府管控之下。

英国教育标准局官员迈克尔·威尔肖爵士在接受《泰晤士报》采访时，他呼吁各地政府首先要确认这些"失败"学校。他说："我是'学院式'学校的忠实支持者，但同时得承认，也将会有些'学院式'学校办得不够好。仅仅依靠标准局进行评价是没有裨益的，到那时补救为时太晚。我们需要一些其他中介团体的加入，能够帮助诊断当事情没有向好的方面发展时，他们通过研读数据，然后把他们的耳朵贴到地面来决定什么时候该干某一事情。"

威尔肖爵士的建议得到了工党的支持，但是英政府没能被说服。在最近的一次特别委员会听证会上，时任教育大臣戈夫表示：假如实验失败，似乎还没第二套方案来应对。

04. "英特尔科学奖"：美国科技体制创新的媒介

2013 年，美国《纽约时报》记者伊桑·豪瑟慕名来到美国纽约州奥思宁高中，正值午饭时间，学校的门厅内吵吵嚷嚷，不断听到来自体育馆的口哨声，在学生们重新回到课堂之前，他们在尽力争取利用好最后一分钟的自由时间。与此同时，丹·麦奎德却和他的两位理科老师埋头于图书馆，外面的骚动和嘈杂的说话声没有引起他们三人丁点注意，他们在那里讨论丹的有关癌症研究的课题。

丹，这位 17 岁的高中生，他从全美 300 个获得半决赛资格选手中脱颖而出，是入围美国 2013 年"英特尔科学奖"决赛的 40 人之一。在最后获奖的 10 名选手名单出炉之前，当记者问起丹是否有任何压力时，其中的一位名叫安吉洛·皮西尼罗的老师接过了话茬，他说，丹已经赢得了足够的荣誉：他是奥思宁高中第一个闯入决赛的学生。"从现在起，一切将是意外之财，"皮西尼罗微笑着补充说。毋庸置疑，是丹的老师慷慨的鼓励助推丹走上了今天这个平台。

与其他高中一样，奥思宁高中也有学生们专注的研究项目，为此学生们在十年级时就已经开始投入其中。因为参与此研究项目，自 2001 年以来已产生了 45 个参加"英特尔科学奖"大赛的半决赛者。2010 年，该校就有 8 个学生进入了半决赛， 这是当年全美在一所学校中闯入半决赛人数最多的学校。可惜，没有选手能进入最后的决赛。"从某种意义上说，今年，丹就是我校的宇航员尼尔·阿姆斯特朗，"丹的顾问老师皮西尼罗说，"以前我校从未登上'月球'"。

该校另一位老师瓦勒莉·福尔摩斯说，丹参与的那个研究项目鼓励学生发现跟他们个人有某种联系的研究课题。对丹来说，那就是医学研究，因为他刚上高一时就失去了一位身患转移性肺癌的表哥。

KLF6 是一种蛋白质，在许多癌症中都充当抑制癌症的作用，丹说，然而"里面蕴含的量太少。" 想知道为什么，他便加入了位于曼哈顿在西奈山医院实验室所进行的相关研究工作，在那里研究生和医院研究人员正从事于识别蛋白质退化背后的因素研究工作。福尔摩斯女士说，研究项目的部分意义在于教给学生坚持的品质。丹和他的研究顾问差不多接触了 30 至 40 个潜在的导师，直到最后他现在的导师才答应收在他的麾下。

当记者问他前往华盛顿最大的期待是什么时，丹突然冒出"见奥巴马"。按照"英特尔科学奖"比赛规程，美国总统和副总统一般都会接见英特尔大赛决赛选手。

在很多方面，摩瑜利·斯瑞德哈和其他 17 岁高中生并无异样。2013 年 2 月末的某天早上，一场大雪过后，朵朵雪花点缀着位于纽约长岛金斯帕克她的家乡，她正在为考驾照烦恼。"我为纵列式停车担忧。"她说。

但在其他方面，她有诸多与他人与众不同的地方。她在书包里装有身份认证设备，可把她的笔记本电脑连接到一台置于田纳西州大学名为"克拉肯"的高级电脑上。

在纽约州立大学石溪分校，摩瑜利在其导师卡洛斯·西姆尔灵化学教授指导下，开始了在抑制肿瘤方面能发挥重要作用的蛋白质研究。

摩瑜利发现，单个氨基酸的突变引起了 p53 蛋白质结构的变化，结果再也不能"捆绑"在 DNA 上，所以不能充当抑制肿瘤的角色。通过精准的计算机模拟，摩瑜利还发现，不是"能量约束"阻止了蛋白质"工作"，而是基本结构的改变。

作为印度人的后裔，摩瑜利出生在新加坡，作为移民或移民的子女闯入英特尔决赛，人们不禁要追问，是先天遗传还是后天培养在起作用，因为她的姐姐，是 2008 年入围决赛者之一。

有很多年，纽约市的蒂文森高中和布朗克斯科学高中不均匀地有学生入围英特尔大赛。他们的霸主地位一方面得益于它们建立起的以科学课程为核心的课程体系，另一方面要归结于它们所选取的有金字招牌美誉的研究课题。此外，不少入围决赛的这些选手很小就参加像英特尔这样的比赛。

乔纳森·盖斯特尔，一名蒂文森高中科学教师兼研究协调者，他认为参加研究课题本身要比纯粹获奖对学生更有益处，学生可能不会把从事科学研究作为他们有望实现的职业生涯路径。他说，"他们也许认为科学家就是那些待在实验室里长着卷曲头发的人。他们可能被误导什么是科学家，即科学家就是一个下决心要去解决世界上一些重大问题的人。"

乔纳森老师的热情打动并说服了一个叫杰米·李·索利马诺的 17 岁的女生。与其他入围选手不同的是，"英特尔科学奖"是她参加的第一个科学比赛项目。作为一名艺术家的女儿，杰米在曼哈顿出生与长大。她完成并提交参与英特尔比赛的项目是检测细胞信号，是今年仅有的一位来自纽约市入围"英特尔科学奖"的高中生。

杰米说，她的兴趣源于某个夏天在科尔德斯普林实验室所做的研究项目，诺贝尔奖获得者詹姆斯·沃森曾在此实验室做了大量的实验。在蒂文森高中，她继续探索被她描述成"跨学科研究"的研究。

在哥伦比亚大学的某个实验室，她能看见当一个细胞初级纤毛被一个外来物分裂时所发生的情形。她的研究，有可能仅仅是通过利用超分辨率显微镜来诊断和防止出生缺陷与基因缺陷。

"其中最大的挑战就是如何向普通大众解释分子生物学," 她在哥伦比亚大学实验室接受采访时说, "就是要让人们明白他们不能看见和与之互动的东西。"

许多英特尔科学大赛的入围选手都在一流的大学附属实验室和研究中心做过长时间的研究,而来自新泽西州莫利斯顿的凯瑟琳·王,相比他们要幸福得多,她的研究大多是在学校端庄的教室和自己家里完成的,在那里她 "折断了许多材料。" 她的研究成果主要聚焦于远程医疗,即通过手机把患者的经过数字化的心电图传输到医生那里进行诊断。

凯瑟琳现就读于莫利斯顿高中,对于远程医疗的兴趣,是当她在曼哈顿库珀休伊特观看了一个名为 "为其他的 90% 所设计" 的展览后萌生的,此展览旨在鼓励人们为发展中国家的人民开发更多的设备。

此后,她自学了手机软件编码和电气工程技术。"'工程'是最具影响力的领域," 她说她选择该领域, "是因为它影响大,而且还必须在发展中国家。"

凯瑟琳是今年入围英特尔半决赛和决赛中的 "局外人", 因为提交工程研究项目成果的 82% 是男孩。为此,有人担心在科学领域性别平等的问题。其实, 在英特尔大赛过去的 10 年中,8 年进入决赛的选手 40%—50% 都是女孩。

凯瑟琳为她的研究成果申请了临时专利,她目前正在自学视网膜摄影,这也同样是在发展中国家有很大潜在影响力的另一领域,因为可以借助成像通过远程医疗帮助诊断糖尿病。

对于和丹一道参加 "英特尔科学奖" 决赛的学生来说,入围 "英特尔科学奖" 决赛仅仅是刚刚开始。如果苍天能够预言,他们其中的一些青年男女有一天终将名声大震。此项科学比赛肇始于 1942 年, "西屋科学奖" 是它的前身。在荣获过 "英特尔科学奖" 的选手中,其中的七名后来获得了诺贝尔奖,十一位获得了麦克阿瑟 "天才" 奖。

"英特尔科学奖" 比赛由美国科学与公共协会主办,由英特尔公司的英特尔基金赞助。16 年前，当"西屋科学奖"停止赞助后，英特尔公司捧起了接力棒。该基金会执行主任温迪·霍金斯说，举办此项赛事主要是"改变关于在美国青年科学家之间的对话。"

为了改变科学家就是土包子加心不在焉的教授这种刻板形象，霍金斯女士补充说，"我们想致力于支持与颂扬科学家们把毕生的精力都投入在正在或将要做的能改变人类命运的事业上。"

英特尔首先要改变的就是要大大增加奖励金额。"钱真正能唤醒人们的注意，"霍金斯女士说，"我们想为闯入英特尔奖决赛的选手在他们的学校为他们召开庆贺大会，就像祝贺体育与娱乐明星一样气派。"

在华盛顿，英特尔奖最后十名选手的角逐与胜出，由来自全美大学的科学家担任评委。有个有趣的现象就是，许多参赛选手所掌握的科学知识远远超过了评委们自身领域之外的知识。这一点也是评委门所希望看到的，他们希望参赛选手所掌握的知识不仅局限于他们所做的研究项目。"我们的目标是发现科学领域未来的领袖，" 伊利诺伊大学芝加哥分校数学、数据和电脑科学教授、评委会主席大卫·马克说。

在 4 个 15 分钟的与每组中的三位评委面谈中，评委们不仅要询问他们研究项目的情况，而且还要测试他们基础的科学知识。马克博士说，他们可能被问"如何图解某种植物细胞并解释其细胞器的功能"等问题。

有些问题是参加决赛选手事先无法提前准备的。"其中最受青睐的一个问题是来自于以前的一个评委所问的问题：'告诉我关于宇宙'"马克博士说，"另外有可能问他们如何预测报业的未来。"其初衷就是想得到"他们是如何思考的一些痕迹"。

"激励"是一个经常用于英特尔科学比赛的词。亚利桑那大学医学院的教授安得鲁·耶格尔博士，退休后去年担任"英特尔科学奖"比赛评委主席，他说，英特尔"是一种我参加过活动中最鼓舞人心和有意义的活动。"《纽约时报》专栏作家托马斯 L. 弗里德曼在 2010 年写到，出席英特尔比赛颁奖晚宴是他生活在华盛顿 20 年中"最鼓舞人心的夜晚"。

在美国，那些不知晓这些获奖的男女青年科学家有着过人的聪明才智的人，也常常被他们的故事所感动。去年，一个来自长岛入围半决赛的选手萨曼莎·盖丽，当她得知自己所获荣誉时，她还生活在一个临时栖居处。

2013 年入围大赛的有个名叫莱恩·贡德曼的选手，是芝加哥大学实验学校的一名高中生，他的兴趣在光合作用的发展。仅在六年前，他和他的家人还无家可归。

()5. 课程、问责制：英国教改的两大"抓手"

2013 年，英国教育部网站发表了时任英国教育大臣迈克尔·戈夫在英国下议院所做的就英国基础教育未来课程、考试改革及问责制改革发言的全文，现编译其中的两部分，以期对我国基础教育改革有所启示与借鉴。

在过去的两年里，我们研究和分析了世界上最成功学校的课程，如中国香港地区、美国马萨诸塞州和新加坡。我们已经把这些国家或地区课程的精华元素与我国一些学校大量卓有成效的实践进行了整合，已研制并发布了一个全新的着眼于 21 世纪的国家课程草案，该草案体现了对每门学科的高期望值。

不管他们的背景如何，我们决定给每一个孩子宽厚而均衡的教育，这样，到他们接受完义务教育的时候，他们已为他们今后的深造、未来的就业和成年后的生活做好了准备。

所以目前所有的课程科目将被保留在小学和初中阶段，将会在"主要阶段 2"（三—六年级）期间增加外国语。

新课程草案的核心科目既具挑战性也雄心勃勃，它紧紧聚焦于各学习领域的基础知识，意在让每个孩子都能成功地拥有知识和理解掌握知识。

我们改革的一个关键原则是，国家法定课程只是学校课程的一部分，而不应是全部。每个学校都拥有研制适合于本校学生需求的完整课程的权利与自由，这种自由已经被日益增加的"学院式"学校、自由学校和独立的部门学校所享用。

　　学习项目涵盖在几乎所有的学科中，而小学英语、数学和科学课程已明显"瘦身"。我们已经删除了那些不必要的关于如何教的指引，而只是聚焦于每个孩子都应掌握的基本知识与基本技能。

　　在数学学科，我们学习东亚国家的一些做法，特别重视学习算术；为学习代数打下牢固基础，更加注重对分数、小数和百分比的内容学习。

　　在科学领域，设计有从进化论到能量关键科学过程严密细节的学习。

　　在英语学科，有更明确的拼写、语法和标点符号的使用要求，强调文学经典中的伟大作品的学习；在外语学习上，强调学习适切的语法结构和进行翻译练习。

　　在地理学科，强调区位知识的学习，即使用地图和掌握从首府都市到世界著名河流关键性地理特征的知识。

　　在历史学科，能清晰地描述英国发展进程，适切地强调英国历史上英雄人物的史料学习。

　　在艺术和设计学科，更加强调绘画技巧。在音乐科中，强调表演和赏析之间的平衡。

　　借助于谷歌、脸谱公司和英国最著名计算机教师的力量，我们已经用一个新的计算课程取代了旧的信息通信技术课程，在普通中等教育证书考试中我们设置有严格的计算机科学科目考试制度。

　　改革教育职业资格制度本身不足以确保每个孩子拥有更高的教育标准。我们还需要改革以学生成绩为主对学校进行分等的现行做法，应鼓励每个学生对学业有更高的期望。

　　现行的排名几乎只关注有多少孩子在普通中等教育证书考试（GCSE）五门学科中达到"C"等，其中包括英语和数学。

　　然而，这个看似简单的逆向激励措施明显具有以下三方面的弊端：其一，它助长了学校选择他们能够让学生较容易通过的考试，而不注重学校本身对学生的宝贵价值；其二，它导致了学生只聚焦于考试的五门科目，而不是一个广域的课程；其三，教师的时间与精力仅仅耗费在那些居于"C"或"D"等临界点的学生身上，而牺牲了高分层和低分层学生学业进步的利益。

所以今天，我提议建起一个更加平衡和有意义的问责制度，其中包括以下两项新的举措：一是在核心科目英语和数学考试中，重点关注与考察每所学校学生达到"成就值"的百分比；二是重点关注与评估能显示每个学生在"主要阶段2"（三—六年级）和"主要阶段4"（十一—十一年级）之间所取得进步的平均分。

包括英语和数学学科在内，新的评价体系将测量学生在高中阶段考试中至少三门学科的成绩表现，包括科学、历史、地理、语言和计算机科学。另外的其他三门学科是艺术学科、学术学科或高质量的职业资格考试科目。

这一措施将鼓励学校提供一个更加广泛的、均衡的课程，以提高教学质量和提升学生的学业水平。它还将确保每一个孩子享受参加高中阶段考试所带来的愉悦。

通过测量平均分数而不是一个单一的"截止分数"，新举措将确保公正公平对待所有学生的成绩，包括高分考生和低分考生。

06. 以色列：视基础教育为民族中兴的基石

地处亚非欧三个大陆交汇点的以色列，一直是全世界关注的焦点。她的神秘是因为与巴勒斯坦国之间的民族矛盾而成为"是非"之地；她的神奇是源于人口只有680万的这样一个弹丸之国，竟然出现了那么多的诺贝尔奖获得者，其中的奥秘何在？让我们一起走进这个让人迷惑的国度，慢慢揭开她那神秘的面纱。

教育立国是以色列建国以来孜孜以求的重要目标之一，尤其是非常重视基础教育。以色列开国总理古里安说："犹太历史经验就一条：没有教育就没有未来。"为此，以色列政府从自身的国情出发，制定出了"教育是以色列的主要产业，人才是以色列的主要资源"的国家长期发展战略。

为保障义务教育顺利实施，以色列在建国后的翌年就颁布了《义务教育法》，明确规定在全国范围内实施免费义务教育，对不参加义务教育适龄人口的监护人进行处罚。至 2001 年，以色列政府又组织修订《义务教育法》，将义务教育的年限修订为 3 至 18 岁。

除《义务教育法》外，以色列 1953 年通过了《国家教育法》，该法对基础教育阶段教材的选用进行了详细的规定，其中规定，教育部可以根据 75% 的家长，认可规定教材的 25% 由家长做出自由选择。该法还加强了对中小学教师培训的管理。以色列还先后颁布了其他一些教育法律，健全的法律制度，为以色列各级教育体系的建立与完善，为保障义务教育阶段孩子的受教育权提供了可靠保证。

以色列对教师的培养宗旨是"怎样使以色列教师成为世界上最好的教师"。以色列"强师"的第一个策略是不断优化教师队伍，让不合格的教师能出得去，让社会上的优秀人才能进得来，让素质高的在职教师能坐得稳。

作为国家公务员系列的以色列中小学教师，在 2005 年之前是典型的"铁饭碗"，且没有教师等级制度。教师一旦进入教职岗位，则按所获学位领取政府公务员工资，并按年资逐年增加。

但教师"大锅饭"给以色列基础教育带来了诸多问题，在学生参加世界经合组织（OECD）组织的国际学生评价项目（PISA）测试中，以色列在成员国中的排名呈下滑趋势。据此，以色列政府认为公立学校教育出现了危机，不实行教育改革将无法扭转难堪局面。

为此，以色列自 2001 年起，实施了两轮 5 年教育改革，其中一项重要举措就是对教师实施"胡萝卜加大棒"的政策。一方面，给教师大幅涨工资，以吸引青年才俊加盟中小学教师行列，留住那些能力强、教学好的在职教师；另一方面，对素质不高的教师说"不"，主要做法就是减少教师编制，打破教师"铁饭碗"。校长有权决定录用、辞退教师。打破原有教师工资的年功序列，取而代之的是，根据教师工作的成绩、学生的学业成绩和校方的满意度由校长决定教师的工资。实行强制退休计划，劝退不合格的教师有"尊严"地提前退休。同时还引进学生家长和学生对教师进行评价。重赏之下必有勇夫，在以色列的学校，如果教师让原本成绩不高的学生的学习成绩有所进步，将会得到更多的奖励。

以色列实施"强师"的第二个策略就是对教师实施行之有效的培训。为强化教师使用现代教育技术进行教学的技能，以色列政府与英特尔公司合作，斥巨资培训教师现代教育技术，同时还投入大量资金使中小学教学做到网络化，以此来打造信息化课堂。教育部规定，到 2014 年实现教学考试全部电脑化、网络化。为保证教师培训质量，以色列中小学教师培训由教育部全权负责，统一安排。充足的教师培训经费从某种程度上保证了培训质量。高质量的教师培训为教师专业化发展奠定了坚实基础。

以色列实施"强师"的第三个策略就是赋予中小学教师较大的教育教学自主权。教育部给教师赋权之后，从某种程度上说，以色列教师可"甩开膀子大干"。按照相关规定，以色列教师可因"校"制宜自编教材。据统计，达 70% 的中小学使用自编教材。以色列教育部规定，学校 2/3 的课时要完成教育部规定的教学内容，1/3 的内容由地方教育当局和学校自行选择确定。

早在 2001 年以色列推出第一轮五年教育改革行动计划时，就将中小学核心课程改革作为改革中的重中之重。以色列提出将数学、英语、科学、艺术与希伯来语作为一至十年级学生必须开设的核心课程。

在以色列，中小学课程分为必修课、选修课和学校自编课程。必修课程要完成教育部所规定的上述核心课程的教学，选修课根据教育部大纲推荐的内容而定，学校课程由学校根据家长委员会的意见开设，这样就打破了"千校一面"的课程格局。

以色列中小学课堂实施开放式的教学，按照犹太人的教育理念，教育的目的在于为学生开启一个通往浩瀚知识海洋的通道，在于教会学生的基本技能，培养学生的创造力和社会适应能力。课堂重启发、探究，鼓励学生质疑问难，学生在"玩"中学。

无论是课堂还是课外，以色列教育强调发展孩子的个性非常重要。犹太人认为，学校不是教育的唯一场所，校外学习是学校课堂的有益拓展与延伸。所以，以色列中小学经常组织学生参观博物馆和各类展览，到郊外、海滨游玩。组织学生到室外观察、了解大自然亲近大自然，在与大自然亲密接触中开展小课题研究，撰写考察研究报告，让学生从中受益。

据介绍，以色列中小学教师平时很少布置家庭作业，寒暑假也没有作业。据《耶路撒冷邮报》报道，2013 年的暑期以色列政府为学生设计与安排好了丰富多彩的活动，政府免费向学生派发参观各类展览的赠券，组织学生到南部城市开展文化体验之旅等。

值得一提的还有，以色列非常重视科学教育，建立科学教育中心是以色列基础教育的一大亮点。科学教育中心一般设在中心城市，由私人基金会出资建设，教育部和市政厅共同投资运作。

其实，科学教育中心的建立旨在实施精英教育，各科学教育中心主要招收那些热爱科学的尖子学生，利用周末或节假日对他们进行免费高端培训，组织他们开展各种科学实验，采取的形式主要有小组讨论，教师一对一辅导。科学教育中心的教育大大提升了学生科学素养，培养了他们的创新能力。

功夫不负有心人。近 10 多年来以色列基础教育改革收到了应有的成效，仅以 2012 年公布的两项国际教育比较数据便窥见其进步与提升。国际阅读素养进步评估项目（PIRLS）2011 年报告揭示，以色列学生阅读成绩平均得分 541 分（国际平均得分为 512 分），列第 18 位；国际数学与科学趋势研究项目（TIMSS）2011 年报告显示，以色列八年级学生科学成绩平均得分 516 分，列第 13 位，这样的名次，不知是否给以色列政府挽回了足够的面子？

07. 国外"绿色教育"面面观

国外环保教育从娃娃抓起，通过将环保教育上升到法制的层面来予以保障；将环保教育的内容纳入中小学教学大纲，并采取丰富多彩的教育活动形式，渗透环保教育；为促进社会可持续发展，有些国家的学校还开展了“绿色学校”或“绿色教育项目”等的创建，这些都为我国中小学生开展环保教育提供了有益的借鉴。

美国是世界上最早出台环境教育相关法律的国家之一。早在 1970 年，美国就颁布了《环境教育法》，其中规定了实施环境教育的以下要点：①致力于环境教育课程的开发、实施、评价及其普及；②设置野外环境教育中心；③编制运用多种媒体面向成人的环境教育课程。各州的环境教育政策也为其更好地实施奠定了法制基础。通过法制，可以由上而下地建立起统一的中小学环境教育体制，这样既表明了国家对环境教育的重视程度，也增强了中小学环境教育推广的力度。此外，法制的完备还为中小学环境教育开展解决了财政支持等后顾之忧。

德国将环境教育作为一个教育领域，受到了学校教育法的保护。各州的学校法都规定学校教育必须包括环境教育。譬如，萨克森州的学校法第37 条规定：“学校应对学生进行环境教育。在学校大纲中，环境教育应该是多学科的任务。它应该是面向全体学生的，以教给学生基本生态和环境知识为任务的教育。环境教育的主要目的是使学生形成积极的环境意识和积极参与各种环境保护活动。学校应该利用各种方式教给学生环境保护知识，并且要利用各种机会积极组织学生参与环境保护的实践活动。”

1993 年，日本制定了《环境基本法》，其中规定：“国家应采取有效措施，通过环境教育、环保知识宣传活动，加深每一位实业家乃至每一位国民对环保的理解和认识，增强他们的环保意识。”这是日本第一次通过法律形式，明确提出要振兴环境教育和环境学习。1998 年，文部省在中小学学习指导要领的修订中，强调了各学科课程有关环境教育的体验性学习。2007 年修订的《学校教育法》规定，推进校内外的自然体验活动，培养学生尊重生命与自然的精神，为环保做贡献的态度是义务教育阶段的教育目标之一。

1988 年，英国议会通过了《1988 年教育改革法》，宣布实施国家课程，将环境教育作为一门跨学科的必修课程正式纳入国家课程体系，使环境教育在国家课程中占有一席之地。

美国各州在充分考虑自身情况基础上，依据学生的学习认知特点和心理特点，分阶段、有侧重地安排环境教育内容，如地球的形成过程、物质变化、能量、系统及其联系、生物体、人口与群落、人类与环境的关系等。美国主要采用多学科课程（渗透式课程）和跨学科课程模式进行环保教育。课堂教学策略主要采用问题教学法、户外教学法、角色扮演等。

英国科学设置并安排不同年龄阶段儿童接受环境教育的内容，合理安排不同年级的学习内容。英国各学科渗透环境教育。为了实现环境教育的目标，英国科学、工业、地理、历史等国家课程科目中包含有大量有关环境教育的基本知识。

英国还强化环境教育的实践活动。英国中小学环境教育十分注重户外实践活动，注重通过学生的亲身经历来培养学生的环境意识，强调充分利用身边的环境及校园环境进行环境教育，充分发挥现有资源优势，帮助学生积极参与社区、学校的环境管理事务。

德国中小学环境教育注重联系学生的现实生活，以他们家乡的住宅、学校和劳动环境为出发点。在学生上课、流动教学等类似活动中，让学生直接观察所熟悉的和使自己感到有意义的环境，体会、体验并加以判断。

德国环境教育强调专题化，有学者通过对德国16个州五至十三年级的自然、地理、社会等课程大纲的研究，得出德国环境教育的内容主要聚焦在以下八个专题：专题一，气候变化；专题二，空气污染；专题三，水污染；专题四，土壤污染；专题五，保护措施；专题六，环境后果；专题七，垃圾处理；专题八，森林生态系统。

加拿大中小学环境教育更注重实践，一是通过正式的课程，如科学和地理课，向学生讲授环境保护的知识；另一种是将环境教育的知识融入到日常的各科课程中，进行渗透式教学。例如，语文课上让学生写有关环保的作文，音乐课上让学生谱环保的曲子。

位于非洲的肯尼亚不满足于给中小学生教授一些零碎的环保知识，环境教育已纳入中小学教学大纲中。作为必修课，肯尼亚中小学生要系统地学习环保知识。肯尼亚小学生主要学习一些基础的环保知识，教师主要采取用实例的方式告诉学生哪些是应该加以保护的环境资源。在中学，肯尼亚学生会吸收更多的环保知识，参加更加丰富的环保活动。除在课堂上学习书本知识外，学生还在课外自发成立环保兴趣小组，以此来获取更多的环保知识并分享如何更好地保护环境的想法。

当下，成为绿色学校已成为日本学校办学理念的一个重要组成部分，已成为大多数学校的办学追求。日本创建绿色学校始于20世纪90年代。1996年，日本文部省提出《绿色学校报告书》，归纳总结了推进完善绿色学校的基本方案。2002年，文部省提出了《互动·生态》报告书，主要界定了环境教育、绿色学校的含义、创建绿色学校的两种视角以及介绍了日本国内外绿色学校的具体事例等。

从日本相关政策要求及具体实践来看，日本在创建绿色学校过程中，较关注学校设施符合环境保护的要求，努力将校内外环境转化为教育资源，并结合日常教学工作，来培养学生的综合环境素养。

比利时中小学"绿色教育"活动始于2002年，每年都会确定一个主题，如绿色铅笔、绿色橡皮、绿色胶水等，其中2004年的主题是绿色纸张，即号召学生选用再生纸作业本，而不是经漂白加工的白纸本；选用纸文件夹而不是塑料夹；孩子们每天上学带的饮料最好选择纸包装的，而不是买塑料包装的。

为了便于孩子们了解和辨认什么是环保用品，比利时有关部门特别提出了12项具体建议，并将其印制成小册子，由学校下发给每个学生。该宣传册图文并茂地详细介绍了环保用品与非环保用品的区别，选用环保用品的好处以及挑选环保用品的方法等，既直观又利于理解。在"绿色教育"的过程中，比利时很多学校开展选举"绿色骑手"的活动，激励孩子们个个争当环保"绿色"楷模。

注重环境教育成果的评估是英国环境教育取得成功的重要一环。为奖励创建绿色学校做得好的学校，英国通过认证的形式每两年评出"优秀绿色学校"。被评为优秀绿色学校既是一种崇高的荣誉，也会给学校带来源源不断的利益，这样充分调动了英国中小学开展绿色教育的积极性。

在澳大利亚，每年许多社区或企业的可持续发展项目在深深吸引着学生的注意力，如"关爱土地"、"多元文化花园"、"能源智能项目"、"保持澳大利亚的美丽"等。2001年，针对不同项目的多样性，澳大利亚政府与各州、各地区合作，发布了《澳大利亚可持续学校倡议》。截至2010年4月，全澳大利亚已有约2000所学校（占学校总数比例的四分之一）参与了此活动。譬如，"栖地英雄"项目，以虚拟的网络世界为依托，对小学生开展环境教育。在这虚拟世界中，澳大利亚的儿童可以与世界各地的儿童进行相互交流，共同学习如何保护地球，保护动物；同时，该项目还提供环境教育的相关游戏，让儿童在游戏中学到知识。

2013年4月，新加坡发起了"生态学校项目"，至2014年，新加坡参与此项目的学校已达13所。此项目旨在帮助学校改善当地环境，节约资源并减少碳足迹。新加坡"生态学校项目"的核心是七步骤过程，它们是：第一步，建立生态学校委员会；第二步，开展环境评审；第三步，制定行动计划；第四步，监测与评估；第五步，与课程建立联系；第六步，宣传与参与；第七步，起草生态章程。这七个步骤紧紧围绕以下六大主题而展开，具体是废弃物与垃圾、水资源、能源、校园、生物多样性与气候变化。此"生态学校项目"的开展，通过让学生参与有趣的、实践导向的环境学习，有助于学生将环境学习与实践结合起来，促进学校和社区环境的可持续发展。

印度已在5.5万所中小学内设立了生态俱乐部。由政府每年向每个生态俱乐部提供1000卢比的活动经费，每个俱乐部由30至50名对环境感兴趣的学生组成，由一名老师专门负责。这名老师必须掌握足够的环保知识，经过培训选拔才能上岗。生态俱乐部提供活动主要内容包括，在学校举行有关环保内容的演讲、研讨会、知识竞赛；带领孩子到环境受到严重污染的地区进行实地考察；参观国家野生动物园；组织学生上街向公众宣传爱护公共环境的重要性；号召学生在校内外积极植树美化环境等。

08. 澳大利亚：打破公私立学校之间的界限

2005 年暑期，笔者在澳大利亚访学期间，了解到澳大利亚维多利亚州教育协会正在讨论一项激进的计划，该计划拟邀请非公立学校（教会学校和独立学校）加入到更加广义的公共教育系统内，以促进公立学校、非公立学校的融合。相关的教育基金会已经起草了一份提案。基金会有关人员表示，该计划的启动与实施将搭建起消除澳大利亚公立学校和非公立学校隔离的桥梁。

近些年，澳大利亚公立学校和非公立学校之间的隔离呈增强的趋势。公共教育经历了招生的兴旺与衰败，学生从公立学校转向非公立学校的就学流向在过去 30 年间已创历史新高。

澳大利亚统计局相关数据表明，对于公立学校来说，在其小学阶段吸纳了 71.4% 的学生。随着学生进入初中，情况就发生了变化。在初中阶段，公立学校的招生比例降到 63%。到学生进入高中阶段，公立学校的招生比例则降低至 60.5%。澳大利亚独立学校（由社会团体办的学校）委员会最新规划表明，到 2010 年，公立学校的新生入学人数比例还会继续下降。这一趋势已经向公共教育的支持者敲响了警钟。

在墨尔本，公立的卡罗琳斯普林斯学校（Caroline Springs）、非公立的劳布瑞学校（Mowbray）和一所天主教小学（Christ the Priest Catholic ），三所学校不仅校园相邻，而且在很多方面有共同之处。三所学校之间没有实际意义和引申意义上的围墙。公立学校与非公立学校之间共用接待与办公场所、图书馆、多媒体中心、科学与视觉艺术设施、运动场馆等。

学生的课外活动也是三所学校共同开展的，比如举行小型音乐会等。同时，在三所学校教师之间也已形成了良好的合作机制。"真正地正在形成一个学习共同体，在我们这几所学校之间没有大的区别"，卡罗琳斯普林斯学校校长加布里埃尔 ·丽（Gabrielle Leigh）这样说，"我们对社区的家长说，你们的孩子上学有诸多选择，但我们仍然有我们的共同体。"

自从五年前三所学校建立起这种机制以来，合作取代了竞争，发展势头良好。这三所学校各自作为服务于墨尔本社区的学校之一，它们之间既有联袂合作，又有独立发展，三所学校均呈现欣欣向荣的发展景象。

莫纳什大学的教育专家西蒙·马金森（Simon Marginson）正是一位促成天主教学校与公共教育松散融合的支持者。他说："这些学校是可以和谐共存的，他们可以肩并肩合作而不触犯对方的自由。"

非公立教育迅猛发展的原因是复杂的，不少澳大利亚人认为，其中最主要的是与政府对非公立教育连续不断的资金援助有很大关系。而在调查学生家长为什么选择非公立学校时，得到的答案是多种多样的，但有一点比较一致，就是学生家长呼唤"传统"的价值观，体现在更加良好的学校纪律、正视道德价值和统一校服。

根据新的提案，所有学校将同意遵守一整套公共教育原则。非公立学校较为积极的态度将更加有助于政府对其投资的增加，也将更适合于政府与非公立学校签署一套"公共责任书"。额外的资金将用于保障非公立学校收取的学费与当前公立学校所收取的学费相同，对于出台更加开明的招生政策，非公立学校也表示非常赞同。

该基金会提交以上计划意在对教育有较大需求的地区开展区域性的实验。该提议要求学校之间力求做到资源共享最大化。"我们渴望做到超越公立学校和非公立学校之间的界限，使满足所有孩子的需要成为可能，"该基金会的创始人兼会长艾伦·科什兰（Ellen Koshland）说："此项提议的意义远远不只是让非公立学校回归到公共教育系统内，而是赋予公共教育一套具有操作性的构架，最终以使孩子受益为目的。"

虽然对提议表示赞同的呼声较高，在现实中也存在一小部分成功案例，但也有人对此表示担忧。全澳教育联合会维多利亚分会会长玛丽·布鲁特

(Mary Bluett)所担忧的就是联邦政府对于天主教学校、独立学校融入公共教育系统会作出怎样的反应。布鲁特指出,即使说办好天主教学校与公立学校都是政府的责任,教育行政部门也还必须关注独立学校。问题的关键在于有多少独立学校,将以得到政府所增加的资助为交换条件而准备接受政府更多的控制。

⓪9. 韩国:"五大举措"力促基础教育改革

近10年来,韩国基础教育领域不断推出改革举措:一是修订国家教育课程标准;二是实施新的中小学教师评价制度;三是不断完善全韩国学力测试;四是强化中小学英语教学;五是大力推进中小学信息化教育。韩国的这些改革实践对我国当下正开展的基础教育改革将带来一些有益的启示。

韩国从小学至高中阶段都制定有国家课程标准。迄今为止,韩国国家课程标准已修订了九次。最新修订版本是2009年12月公布的《2009年修订课程》。此次课程修订全面反映了时任总统李明博政权教育改革的方向性,目标直指培养"创造性的人才"。2009年修订版课程标准与前八次修订具有以下三个方面的特点。

第一,创造性的体验活动的引入。为培养学生的创造力,韩国在中小学课中增设了名为"裁量活动"的课程,相当于我国的研究性学习和日本的"综合学习时间"。此课程的开设,意在以创造性体验活动为中心,开展包括职业体验在内的体验学习。

第二,"学年群"和"学科群"概念的引入。何谓"学年群"?以小学为例,将一、二年级组合作为一个"群",将这两年间课程设置作为一个"学年群"。对于每年授课时数少的学科,在特定学期中安排集中授课。什么是"学科群"?例如"社会"和"道德"就是"学科群",就是将学科性质比较接近的学科进行组合,使之成为一个"群"。"学年群"的设置有助于打破课程设置的僵化，促进各学年之间的相互联系和合作；"学科群"的设置，加强了课程的整合性，减轻了学生学习的负担。

第三，缩短了"国民共通基本教育课程"的时间。韩国的中小学课程由国民共通基本教育课程和以选择为中心的教育课程构成。2009 年修订版课程未出台之前，完成"国民共通基本教育课程"需要 10 年时间，即是从小学一年级至高中一年级。2009 年修订课程之后，将"国民共通基本教育课程"缩短为 9 年完成，即从小学至初中阶段。此举旨在将原来的高中二、三年级的选修课扩大至高中的全部学年，这样就大大增加了学生选修课程的机会。

从 2010 年起，韩国开始实施一种名为"教师能力开发与评价"的新制度。其实，新的评价制度经过了十多年的酝酿，因遭遇韩国教育工会的反对一直搁浅，直到李明博执掌政权时代才在全国实施。

此项教师评价制度所涵盖的方面主要有：

其一，评价对象：全国公私立小学至高中及特别支援学校全体教师，其中也包含校长及中层干部。对于临时聘请的教师，由各学校自行考虑是否进行评价。

其二，评价者：评价由校长、教导主任等含教师 5 人组成评价小组，同时学生及家长参与对教师满意度调查与评价。

其三，评价内容：教师评价共分为 5 大方面和 18 个项目；校长评价由 4 个方面和 8 个项目组成；教导主任主要在 3 个方面和 6 个项目中进行评价。各地还可根据本地实际增加评价项目。

其四，评价方法：各项评价分为 5 个等级，它们分别是"非常优秀"、"优秀"、"普通"、"不足"和"非常不足"。

其五，评价结果的运用：将教师同行、学生和学生家长评价的结果，进行分数换算，5 分为满分。每个小项的得分情况都会通知到教师本人。要求教师把通知的结果制作成"结果分析及能力开发计划书"，以此进行反思与改进。对于评价得分较低的教师，要求其参加短期或长期的特别进修学习，其研修内容与实施由各地教育厅自定。长期研修时间一般为 6 个月，约210学时，短期研修时间为60学时以上。对于评价获优秀等第的教师将有机会获得一种名为"学习研究年"的特别奖励。

韩国历来重视英语教育，从1997年开始，韩国就将英语教学正式纳入到正式课程中。小学三、四年级每周开设英语1课时，五、六年级开设2课时。此后，为强化学生的英语学习，韩国政府出台了强化英语教育的政策。三、四年级从2010年开始，五、六年级从2011年开始，分别每周增加一课时英语学习时间。

为培养学生的语言交际能力，从2008年开始，韩国实施TALK (Teach and Learn Korea)计划，大量招聘英语圈内的韩国裔人士，一方面，把他们作为课堂英语教学的助手，另一方面，便于他们学习韩国语与体验韩国文化。此外，不断扩大韩国人英语讲师人数。从2009年开始，韩国大规模招聘英语会话讲师，为中小学配备临时教师，这些英语会话教师都是从英语会话优秀者中选拔出来的。从2012年至今，韩国共配备了6104名英语会话专门讲师。从2013年起，推出了中小学要达到100%配备英语会话讲师的战略计划。

近年来，韩国英语教育改革又出台了新的举措，就是开发并推出了英语能力测试，作为一种国家英语能力评价测试（NEAT：National English Ability Test）。2008年12月，韩国教育科学技术部，发表了《英语教育的主要政策推进计划》，更进一步明确了要重视提升学生英语交际能力的目标，即从过去重视读和听转向既重视读和听又注重说和写。

韩国国家英语能力评价测试开发出了考查考生英语听说读写能力的测试题，已从2012年开始实施考试。将包括大学生在内的成年人，作为1级能力测试的主要对象，高中生为2、3级能力测试的主要对象。1级能力测试的成绩以分数表示，2、3级能力测试的成绩以A、B、C、D四个等级进行报告。学生2、3级能力测试的成绩，将有可能作为学生今后申请大学英语考试成绩的替代。

韩国全国学力测试自1998年开始实施，对象包括小学、初中和高中。从2012年开始至今，此测试在小学六年级、初中三年级和高中二年级学生中进行。

测试科目从小学到高中都测试韩国语、数学和英语三门学科。初中还增加了社会、理科两门学科。测试结果分别以"优秀"、"普通"、"基础"和"基础未达"四个等级表示,测试结果通知到每位学生。此外,根据考生区域划分,将"普通"、"基础"和"基础未达"3个等级结果进行汇总发表。对于高中学校,以学校为单位将结果进行公布。此举意在通过将测试结果公开,促进教育质量的提升,推进各地及学校充分利用好测试结果进行整改。

从国家的层面,对于测试成绩差的学校,给予一定的援助与帮扶。对于四个等级评价中"基础未达"学生较多的所在学校,韩国政府将安排一些测试成绩好的重点学校的教师,以学习辅导员身份到薄弱学校进行指导。因为开展了对口帮扶,薄弱学校测试成绩取得了明显的提升效果,据韩国教育部门相关调查,2008 年,"基础未达"学生比例为 7.2%;到 2010 年降低至 3.7%;到 2011 年降低至 2.6%。

韩国是世界上信息技术(IT)强国之一,很早以前中小学就实现了校校通高速互联网。各学校配置有足够的电脑为学生使用,学生在校拥有电脑数的比例不断升高,现已达到小学平均每 5.5 人拥有一台电脑;初中每 5 人和高中每 4.1 人拥有一台电脑。

为加快教材电子化的步伐,2007 年 3 月,韩国推出了《电子化教科书常用化的推进计划》,从此电子化教科书开发制作进程加快。截至 2011 年,全国 132 所学校成为了教科书电子化实验学校。韩语、数学、社会、科学、英语等学科的教科书电子化程度最高。

2011 年 6 月,韩国发表了《睿智教育推进战略》,确立了至 2015 年初等教育阶段全部学科教科书电子化开发的目标。伴随推进《睿智教育推进战略》的实施,韩国中小学开展了以在线教育(online)授课的实践探索,取得了较好的教学效果,而电子教科书主要在家庭学习中使用。

10. 欧美:教育督导以质量监控为重

近些年来,世界主要发达国家把教育质量监控作为教育督导的头等大事,尽管这些国家做法不尽相同,但大都取得了良好的效果,现以英国、美国、加拿大、德国和俄罗斯为例,对这些国家教育督导中的质量监控实践与探索进行简要梳理,以期对我国提供借鉴与参照。

建立全国统一的教育督导评价标准和评价指标体系是英国从国家层面加强对教育质量监控的重要手段。

2010年,英国教育标准局颁布了一套最新的学校督导评价体系。此套体系以"追求卓越"、追求"高质量的教育公平"为目标,它针对五种不同类型的学校设计了评估指标,以《普通中小学督导评价指标》为例,评价有3项一级指标,19项二级指标、39项三级指标。评价标准划分为"优"、"良"、"一般"和"不合格"四个等级,并对每个等级评判的标准进行了具体的规定。

此套指标体系主要聚焦于评价学校的整体办学效能。对学校的整体效能评价主要围绕三大维度:学生的成果、学校教育效能和学校领导与管理效能。此外,此指标体系还特别关注学生的成就,关注学生全方位的成长。按照规定,学校必须向督导检查提供学生的各种成绩。除关注考试结果之外,还通过观摩课堂了解学生的学习兴趣、热情、投入程度及潜能,总结出他们乐学的程度。对小学的督导评估,特别关注对学生态度、价值观、人格素养方面的进步程度的考查,还强调学校为学生提供培养责任感和相互尊重的机会,并考查学生对周边环境的尊重和关心程度。

近十多年来,美国教育督导的重心逐渐转移到了对教育质量的监控上,其主要做法就是以绩效评估来监管学校质量和考核评价教师,即通过建立学术标准、实施学科统考,依据学生的学习成绩对学校进行排名;把学生的学习成绩与教师业绩挂钩;向社会公布学生"成绩报告卡";在公共媒体上公开教师绩效排名；等等。这种绩效评价已成为一些州借助标准化考试来检验和督促学校办学质量提升的一种制度。

近些年来，为科学评价学校及教师的绩效，美国不少州采用了"增值方式"（Value-Added Approach）评价方法。增值评价总的指导思想是将学生入学时的学业成绩和毕业时的学业成绩加以比较，其中的差就是在学校接受教育过程中的增值。

2009 年，奥巴马总统推出的"力争上游"计划，目的是促使各州承担起相应的义务以促进教育质量提高。由于教育质量下滑等原因，美国纽约市、芝加哥市等众多公立学校已被政府相继关闭，不少教师因教学绩效不佳而被学校解聘。

虽然以学生成绩为主评价教师的绩效问责制遭遇到了美国教师联合工会及教师的抵制与反对，但这种以关注教育质量为中心的督导评估制度仍在争议中不断改进与完善。

学校质量认证，是加拿大把好中小学教育质量关的第一关。作为一种系统性很强的质量督导过程，学校质量认证包括构建认证标准、学校自评、专家实地考察、质量认证等级确认、短期计划的实施和规定周期内的质量再认证等环环相扣的多个环节。

在加拿大，学校质量认证一般以六年为一个周期。学校要在资格认证前做好充分的准备，主要包括三项工作，提交学校的发展规划；向认证机构提交认证材料和证据；完成学校自评报告。其实，加拿大学校质量认证是一个内外部评估有机结合的过程，外部评估由省教育部委派质量认证专家对学校进行实地考察。外部评估所做的主要工作就是要确认内部评估报告与实地考察情况相吻合的程度，从而为确定被评估学校认证等级提供依据。

为保障学校质量认证的质量，加拿大各省都制定有各种综合指标和各种单项指标，以此作为主要标准对学校进行督导检查。学校质量认证的督导指标是由学校和教育部共同制定的综合性指标。该指标属于过程监督指标，督导的重点是学校计划的发展情况，如大不列颠哥伦比亚省的学校质量综合指标分为"学校目标"、"管理标准"、"教职员工"、"课程与教学"和"设备及服务"五个方面。

加拿大各省所有教育质量指标框架的测量方法每年都进行更新。为确保学生学业水平提升，各省都制定有课程"省标"，以此为依据组织开展统一测试，全面实施学生成绩鉴定。早在1995年，安大略省就依法成立了"教育质量与测试责任办公室"，专门负责对学生的成绩进行鉴定，并直接对教育部长负责。该办公室通过对三年级、六年级、九年级和十年级学生参与的国际、国内、省内的大样本评估，以此来报告学生的成绩。每次大型测试后，学区和督导员都会帮助学校和教师发现与诊断问题，组织项目组到学校开展"教学关键性路径"研讨，通过前期评估、干预和后期评估等进行分析与策略探讨，给学校提供和介绍课程、专家资源等，切实帮助学校和教师提高教学质量，以保障教育的优质水平。

近年来，德国教育督导正从传统的法律监督、工作监督和专业监督转向重点对教育质量的监控，教育督导人员的职责以对教育质量的视察、指导为主。督学要对所负责的区域和学校的教育教学工作是否与教育法规相符，教学是否遵照教育部颁布的课程标准进行，教师的教学方法和学校的教学组织是否适当等进行督查、视导。

为确保教育质量监控，德国通过建立国家标准，明确监控维度，其传统的督导正转向系统的质量保障。2006年德国完成了主要学科教育标准的建立，确定了四个监控的维度：学生学习成就的国际比较研究；联邦按照教育标准对各州的成就进行比较性的评议；州内比较研究，通过学校间的比较来评议每所学校的效率；联邦与各州发布联合教育报告。

各联邦州都对自己的教育质量负责。有的州有州立考试，有的州没有，如黑泽州、北威州等。学校对所学完的学科进行测试，由此掌握学生学习效果和学校教育质量情况。考试题由每个班的教师提出建议，由各城市的教育局负责考试的专门机构进行评审，确定难易程度。

事实上，德国对教育质量的评价监测，在督学的视察指导下，由各级各类学校按自己制定的标准，独立考查。测试结果只有督学和学校掌握，不对外公开，目的在于了解教育质量是否达到学校规划目标的要求；有针对性地对某些学科学习较差的学生进行学习指导；掌握学生学习的实际水平和发展趋向，在学生毕业时由学校帮助学生做出报读不同类型学校的升学方案。

为保障向国民提供优质的教育，俄罗斯教育督导机构主要通过对学校颁发办学许可证、对学校质量进行评估鉴定和对学校进行认证三方面来实现对学校教育的质量监控。

在俄罗斯颁发办学许可证是保障办学准入的"门槛"要高；质量评估鉴定主要监控的是过程；国家认证，是保证办学"出口"要有好的结果。以上三种评估的标准由低到高，依次递进，前一种评估不合格，就无资格申请下一级的评估。办学许可证相当于学校的营业执照，多从对学校办学硬件条件方面审核学校的办学资格，即对实现教育过程的保障条件进行评估。根据相关法令，全俄罗斯所有学校每 5 年都要接受一次质量评估鉴定。学校评估中要检查教学组织中根据相应水平和方向制定的教育大纲，包括基础义务教育大纲规定的最少内容；学生学习负担最大量；全部完成基础教育大纲的情况；毕业生的培养内容、水平和质量是否符合国家教育标准。

依据法律规定，俄罗斯国家教育管理机构要根据认证委员会的报告，通过学校认证或拒绝其国家认证。实施国家认证的教育管理机构，每年向教育部提供一次通过认证或没通过认证的学校数量，以及这些学校的类型、形式和范畴。

11. 国外基础教育督导最新走向

自跨入 21 世纪以来，英国、法国、加拿大、日本等主要发达国家基础教育督导实施重心转移，呈现一些不同的新的特点，值得我国关注与借鉴。

在英国人看来，学校自评本身就是督导的一部分。实践证明，将督导与自我评价作为学校工作改进的中心策略是行之有效的。

近 5 年来，为提高督导效能，教育督导开始提升学校自我评价在教育督导中的作用。一个对自我发展有充分认识并能不断监督与改进学校发展行动和目标的学校是值得信任的，外部督导应该更多地帮助学校实现其目标，而不是对其教育水平做出重复鉴定，这才是发展性督导的根本要义。

2012 年的英国督导大纲强调："学校提供书面性的报告给督导，学校自我评价为外部督导提供可靠依据，外部督导结合学校自我评价作为学习实现改进、提升自我发展能力的重要机制。"

很明显，在英国在由外部组织进行严格学校督导的同时，对系统的学校自我评价的重视程度在逐渐增强，督导关注学校内部的发展动力。英国的许多学校都探索并掌握了一套自我评价方法，并以这种监控与评价为核心策略成功改进了学校。其基本模式是：第一，我们做得如何？首先要确定学校的目标，其次是确定活动的领域，可以集中在一个课程领域、主题、阶段或教学方法。第二，我们怎样了解我们做得如何？首先，要选择适切的办学质量指标，以问题的形式加以说明；其次，确定要寻找的有关学校的特征，并要考虑国家和地方的建议；最后，确定用什么方式发现这些特征。第三，我们现在还要做什么？首先，要把所观察指导的内容写入报告；其次，制定维持和发展的目标。

英国"以改进与发展"为核心宗旨的督导新取向，淡化鉴定与分等，重视学校的长期可持续发展，是英国教育督导制度新的理念与改革趋势。价值取向的改变，使对学校的督导评价从一种短期的外在压力转换为一种可持续的内在动力，从一种强制干预转变为学校的自我诊断、自我发展、自我超越的内在需要。新取向的学校督导评价，在学校自我评价与外部督导共同作用的基础上，共同商讨与诊断学校发展中存在的问题，确定学校发展目标、需求、途径和方法，激励与促进学校的可持续发展。

加拿大教育督导员的主要工作对象是校长。加拿大校长评估主要由教育督导员具体负责，校长及相关人员予以配合，事实上，督导员不仅是校长的"监督者"，更是校长工作的促进者，是和校长绑在同一条船上的"船长"，督导评价的实质就在于帮助校长最大限度地发展自己和提升学校，这样的校长评价方式深受校长们的欢迎。

为帮助校长提升领导与管理学校的能力，安大略省出台有《校长、副校长表现评价——技术要求手册》，其内容不定期进行更新。以 2013 年版本为例，该手册在前言部分开宗明义指出，评价校长旨在帮助提升其领导力，为校长、副校长搭建起与教育督导员进行专业对话的平台。表面上是在对校长进行评价，实质上是在全面展示由高素质、领导能力强的专业人士引领的学校所取得的教育教学业绩，以此来增强社会对校长及学校的信任感。

加拿大非常重视对教师的专业成长进行督导，各省都制定有教师考评方案，教师每五年一轮进行业绩考评，安大略省要求新教师自担任教职 12 个月以内要进行两次评价。早在 2001 年，该省政府就实施了"教室质量法案"，即引入新的教师评价程序。在此要求下，新教师要接受经验丰富教师的指导来提升自身教学及班级管理技能。从 2002 年起，这项评估制度让教育工作者、专家、学生家长、十一及十二年级学生共同参与教师评价。

2010 年安大略省出台了《教师表现评价——技能要求手册》，该手册言明对教师进行评价意在促进教师专业成长。该手册主要内容包含：表现评价框架、教师角色及职责、表现等级评定等内容，其中表现评价框架主要包括能力概述、课堂观察、评价会议、总结性报告、评价等第等。依据该手册的规定，教师应具备五大类别共 16 种能力，其中五大类别是：（1）敬业精神；（2）专业知识；（3）专业技能；（4）领导力及共同体；（5）继续教育。

安大略省对于新老教师提出不同评价标准与要求。为保障评价科学与公正，该手册对评价的程序做了明确规定，分为四大步骤：课堂观察前会议、课堂观察、课堂观察后会议、总结性报告。此外，该手册还对如何赋予教师评价等第也有具体规定，对获得"满意"和"不满意"评价等第的教师分别提出专业发展路径建议与整改提升要求。虽说加拿大教师评价主要以促进教师专业成长与发展为宗旨，但也与教师是否继续被雇佣挂钩，评价的等第牵涉教师的"饭碗"是否能继续保留，这样对教师也带来了无形的工作压力。

日本现代督导秉持这样的理念：督导不是对教育的监督，而是专门为教育的各个方面提出建议，以促进儿童更健康地成长。从中央到地方的督导部门都是融技术性、指导性、建议性和服务性为一体的职能部门，形成了视而不督，导而不令，而服务性特色非常突出。

为让上述督导理念能落地生花，日本教育督导注重督导人员的专业化。为加强督导的专业性，2005年文部省在其报告中，建议减少指导主事的一般性事务，加强其专门性事务，及更多地从事督导工作而不是处理常务性工作。对督导人员的选拔注重选择对象对教育的建议和指导能力。文部省规定，视学官和指导主事必须是学科专家，选拔对象必须通过国家公务员考试，其任免和解聘均由文部大臣批准。中央的视学官主要在学校教育机构设置、学校管理和编制、课程、教科书等方面给予地方教委提供指导、建议和帮助。地方教育督导则倾向于对学校进行具体的指导与帮助。

日本教育督导还十分注重教育督导制度的建议性与服务性。《地行法》规定，指导主事只是对校长和教师提出建议和进行指导。督导人员属于公务员，只有服务的义务。他们必须深入到学校内部了解情况，其目的不是为了监督，而是在充分掌握情况的基础上，向学校通过服务、帮助学校改进工作。

日本教育督导的服务性体现在督导全过程中，各级督学尽量考虑到学校的具体情况，多听取学校的声音，收集多方面的信息，然后才慎重给出建议。此外，中央督学对地方督学只是提出建议，进行宏观指导，给地方督学留有相对较大的工作空间。

12. 日本从"宽松教育"走向"扎实学力"之路

2016年5月10日，日本文部科学大臣驰浩发布了"与'宽松教育'明确诀别"的确认书。确认书明确指出，不要因为从2020年开始实施新的中小学学习指导要领，而减少学习的知识容量。

文部省在所发布的确认文件中明确表示，2016 年修订的中小学学习指导要领，不可能再回到看似二元对立的"宽松"与"灌输"教育的轨道上。关于此次学习指导要领的修订说明，特别强调"不削减知识量，重在改善学生学习过程的质量"。

日本为何要发布与"宽松教育"彻底诀别确认书？从"宽松教育"转向"扎实学力"教育靠什么来落实？"扎实学力"教育将会给日本教育改革带来什么影响？会给我国的基础教育改革带来什么启示？这些都值得我们观察与关注。

以"教育立国"著称于世的日本，其教育改革与发展一度受到国际社会的广泛关注。日本教育质量均衡、学生在国际学生水平测试（PISA）数学与科学素养评价中的表现受到国外教育研究人员的好评。但同时也指出，日本教育管理体制和教育方法刻板划一与封闭、教育过于偏重知识的灌输，"考试地狱"、学历至上，考试竞争低龄化，致使日本学生身心健康得不到全面发展。

鉴于国际上对日本教育的批评与国内社会强烈要求实行宽松教育的呼声，20 世纪 80 年代中期以后的日本教育改革，基本上是以教育的个性化、多样花、弹性化、自由化、市场化为目标。以"宽松和个性"为旗号，提出要改变学校过剩、教育过剩等教育现状。宁可牺牲效率也要使学生的生活更宽松、更富有情趣。要使学校成为尊重学生个性，让学生能够自由发挥的场所。

自 1990 年以后，日本实施宽松教育的步伐加快。中小学学习指导要领大纲化、弹性化。削减学科内容和减少课时数，新设"综合学习时间"。通过精选教学内容，削减 20%—30% 的教学内容。从 2002 年开始取消此前实行的周六上课，全面实行了 5 日制。1998 年的学习指导领明确提出要走"宽松路线"，在学习指导要领修订中，删除了对各年级必修内容的规定。同时，取消了对每节课时间的规定，允许学校根据学习内容、学生的实际情况等，开展以 15 分钟为单位课时的教学。

然而，随着修订后的学习指导要领的实施，各种质疑与批评声不绝于耳。日本《周刊朝日》上刊登的一篇题为《东大、京大学生的"学力崩溃"》的文章，引发了日本社会对大学生学力低下的讨伐，直指"宽松教育"是祸水源头。此外，日本学生在 2003 年的 PISA 调查中，虽然科学和数学的成绩仍居世界前列，但阅读能力的成绩不甚理想，导致日本社会对"宽松教育"的议论与指责更加甚嚣尘上。

随着日本社会舆论的不断升温，2005 年，日本中央教育审议会（以下简称"中教审"）在《创造新时代的义务教育》报告中明确提出了"扎实的学力观"的概念。新学力观所倡导的培养扎实的学力，并不是"宽松"即"灌输"，而是要扎实掌握基础和基本的技能，还要培养运用知识技能解决问题的能力。2008 年，日本"中教审"在修订学习指导要领的报告中明确指出了"宽松教育"存在的政策问题。新颁布的指导学习要领以培养扎实的学力为目标，以科学和数学为中心增加了课时数，充实了学习内容，"综合学习时间"每周减少了一课时。自此，日本教育又迈入了以学力问题为中心的时代。

2005 年，日本"中教审"提出要在全国范围内实施学力调查。其宗旨是：基于保障义务教育均衡发展和不断提高教育质量的需求，为了切实把握各地区学生学业成就表现与之相关的学习状况，验证国家教育及教育改革政策的成效，进而发现问题，改进教育和学生学习状况。为此，日本全国学力状况调查于 2007 年重启，2010 年的调查是继 20 世纪 60 年代实施全国学力调查之后，第一次面向全体小学六年级和初中三年级的调查。

2010 年学力调查的命题以考查与学生日常生活相关联的知识应用能力以及与其他学科相关联解决问题能力为主。2010 年增加了以考查学生使用现代信息技术收集信息与处理日常生活相关问题的试题。总之，2010 年的测试题融入了新修订学习指导要领中的教育理念与相关学习内容。

2010 年文部省除组织全国学力调查之外，还组织召开了全日本学力调查的专家会议，设置了全国学力调查方法等研究专门委员会机构，由环太平大学校长梶田叡一担任组长共 18 人组成。此次会议主要对 2011 年以后全国学力调查的目的、对象，实施学科、调查频度等进行了研讨，公布了有关从 2011 年起实施的学力调查有关说明的专家中期研究报告。该报告提出，继续实施全国学力调查，以配合实施今后的教育振兴基本计划。为维持教育机会均等、各学科目标的实现，期待学力调查发挥重要作用。

据专家中期研究报告精神，至 2020 年日本要在 PISA 中达到最上位国家的平均水平，低学力层比例减少，高学力层比率增加。阅读理解能力等各项能力平均得分达到现在最上位国家的平均水平，其他学科达到国际平均水平之上。

全日本学力调查专家会议还提出，要探讨开发新的调查方式，要探讨地方独立调查的必要性。与会专家建议，除重视历年调查数据对比分析外，还应重视与国外同类调查结果的分析。

此次专家会议还期待各都道府县、市町村独立实施学力调查，参加实施对象、实施学科、调查内容等可根据地方的实际与特色进行，这样可以得到更加详尽的数据并可有效利用。

2012 年，全日本学力调查在原有调查科目的基础上增加了科学调查。增加的原因：一是为满足培养未来科学技术人才的需要；二是为了抑制学生对科学的兴趣下降；三是为了与国际学力调查接轨。

为全面深化全日本学力调查，2013 年，日本"中教审"召开专门部会，会上就日本高中学生基础学力调查等进行了专题研讨，初步确定在全日本实施暂名为"高中学习达到度测试"的学力考试。参加本次研讨会专家们认为，为确保高中教育质量，应明确高中阶段学生学力应达到的最低标准。为此，研制与实施以测试达到度为宗旨的新的测试是非常必要的。

此种高中学力考试为共通考试，它主要考查高中学生的基础知识、基本技能和思考能力等。考试的结果对高中教学将起到一定的反拨作用，将有利于指导与改善高中教学，激发学生的学习欲望。考试的结果既可作为高校选拔新生所实施的 A O（Admission Office）入学和推荐入学的主要依据，也可作为就业考试的学力证明。

随着全日本学力调查的影响力越来越大，参加调查人数不断飙升。2014 年，全日本共计约 224 万名学生参加了当年的学力调查，即全日本国立、公立学校及其学生全部参加了当年的学力调查。

由于文部省的调查内容和方式科学严谨，总体上以日本社会广泛认可的基础学力测试为主，同时也兼顾了当今国际上盛行的注重应用能力的学业成就测试内容，评价结果在基本肯定成绩的同时，也在一定程度上找到了"弱项"，因此得到了很多人的认可。

文部省和大学专业机构合作，对每年的调查结果进行深入分析，不断改进调查的内容与方法，同时与国立教育政策研究所联合，以教育委员会和学校为对象提供教育指导与专业支援，真正使全国学力调查成为落实扎实学力观的抓手，成为促进学校质量提升的重要途径。

早在 2013 年，文部省就确定了于 2016 年修订现行日本中小学学习指导要领的改革方针。文部省此次修订学习指导要领主要涉及教学内容和上课时数。其修订目标指向培养活跃在国际舞台的人才和加强英语教育。

按照文部省所出台的修订学习指导要领时间表，2014 年时任文部大臣下村博文就学习指导要领修订事项接受了日本"中教审"的咨询。按照计划，修订后的学习指导要领将于 2020 年全面实施。

据文部省介绍，作为小学正式学科的"外国语活动"课将从现行五年级开始实施提前至小学三年级开始实施。该课程上课时数将为三、四年级每周一至二课时，五、六年级每周三课时。

针对现行学习指导要领中被减少了学时的"综合学习时间"，文部省官员明确表示，"自我发现课题、提升解决问题的能力确实必要"，但学习指导要领将维持现有"综合学习时间"课时的现状。

此外，国语、算数等主要科目的上课时数将维持现状，纯增加英语上课时数。初中英语教学，原则上要使用英英教学。小学、初中阶段开设的道德教育课程，已于 2014 年进行了修订，将从 2018 年全面实施。

日本中小学学习指导要领规定了教育课程的最低标准，一般 10 年左右修订一次。现行使用的学习指导要领，是为了彻底扭转"宽松教育"所导致的学力低下而制定的。现行小学、初中和高中学习指导要领分别自 2011 年、2012 年和 2013 年全面实施。因实施了现行学习指导要领，小学 6 年间总上课时间增加了 278 课时，致使小学总课时数为 5645 课时；初中 3 年间增加了 105 课时，致使初中 3 年总课时数达到了 3045 课时，同时学习内容也随之被大幅增加。

为配合中小学学习指导要领的修订，文部省提出，2014 年就读高二年级学生的学习内容，自实施新的学习指导要领以来首次增加，高中生主要学科的教科书页码比现行教科书平均增加 14.9%，特别是国语、数学的内容增幅达三成，而小学、初中的教科书内容还仍然保留"宽松教育"的色彩。

据悉，包含 2010 年度、2011 年度审查合格的教科书页码的增加，日本国语、数学、英语和理科分别增加 29.6%、28.1%、20.7% 和 19.1%。自新的学习指导要领修订以后，为充实英语表达语汇，高二年级英语生词从原来的 500 个将增加到 700 个。

2016 年 3 月 25 日，文部科学省公布了关于大学入学考试改革制度的文部省专家会议所形成的最终报告，以取代现行日本大学入学考试中心考试（以下简称"中心考试"），将实施"大学入学希望者学力评价测试"（暂名），一年数次实施。

按照文部省计划，新的高考制度自 2020 年开始实施，2020 年至 2023 年为新高考实施初期，将以高三学生为对象，出题形式为选择题与短文记述题，并精简考查科目，即从"中心考试"考查的"单科目型"走向"合科目型"和"综合型"。除考查基础知识与技能外，还将着重考查学习者需具备的"思考、判断与表达能力"。

围绕新高考中出现的记述型问题，"高大衔接"系统改革会议指出，为扎实培养并评价自初中等教育贯穿至高等教育并支撑知识与技能关键要素的"思考、判断与表达能力"，以往的选择标记型考查方式无法达成。原因是标记型问题的选项本身就是一种提示，很多情况下考生并不是根据正常顺序的逻辑思考，而是根据选项进行逆向得出答案，因此必须新增加记述型问题。

此外，围绕各大学自主招生选拔中实施的入学考试，改革会议强调应在全国统一的"大学入学志愿者学力评价测试"的基础上增加难度，设计出更加关注学生创造性、艺术性的记述型问题，包括作答更为开放自由的记述题以及小论文等。

按照日本学者的观点，暂名为"大学入学希望者学力评价测试"，其实就是一种"高大衔接测试"。何谓"高大衔接"？从字面意义解释，"高"意指高中；"大"大学之意，即是一种衔接高中与大学教育的考试。

为何要实施"高大衔接测试"？据分析，其主要的动因是，日本现行"中心考试"自1990年实施以来，约92%的日本高校（包含私立大学）将其作为选拔学生的手段，渐渐背离"测试学生基础学力"这一设立初衷，并暴露出以下问题："中心考试"一年举办一次，无法全面真实地体现学生的学业水平，有"一考定终身"的嫌疑。

为此，针对高考这一社会高度关注的课题，日本政府着手推进改革。参照法国的高中会考以及美国的SAT考试等做法，提出了实施"达到度测试"的设想。

日本学者认为，当下日本大学入学选拔考试，基本上是以选拔合格的大学新生为宗旨，把学生的高考成绩从高到低进行排列，参考考生所提交的其他相关材料进行甄别，以确定是否达到录取的标准，这是一种典型的"集团标准型考试"，即从集团里进行选拔的一种所谓的公平性考试。

然而，"高大衔接测试"是一种测试学生对高中所学科目内容理解到何种程度，即对达成情况进行把握的"目标标准型测试"。此种考试不是以甄别考生为目的，它是对照学习目标的一种绝对评价性考试，它不是选拔性测试，是对学生所学课程及教材内容掌握达到度的测试，是一种与大学学习进行衔接的考试。

针对日本高考制度的改革，早稻田大学总长镰田薰表示，高考改革既要能反映考生在高中所学习的内容，又要考查其是否已具备适应大学教育的必要能力，但不能以现行"一锤子买卖"的高考形式来进行。

对于今后将要实施的新高考制度，在日本学界也出现了不同的声音。现任东京都千代田区立九段中等教育学校校长高木克认为，对高中而言，最关心的是"高大衔接测试"与"中心考试"最大区别在哪。如果实施与"中心考试"相类似的考试，将会增加学生负担，也将会增加高中学业指导的难度。针对"高大衔接测试"可实施多次考试，他担忧会影响到高中正常的教学。继而他建议，要把大学教师和高中教师进行集中，对历年试题进行研讨，强化关系者之间的协作，设置信息情报交换场所，增加大学教师到高中一线来考察的机会。

13. 职业教育："德国制造"的引擎

毋庸置疑，德国制造的产品质量高。宝马、奔驰、奥迪等品牌妇孺皆知，但为什么质量好？答案就是德国优质的职业教育给力。

德国坚持依法治教，相继颁布了许多职教法规，形成了一整套内容丰富、互相衔接、便于操作的法律体系，有力地促进了职业教育的发展。德国的职业教育在学校名称、培养目标、专业设置、学制长短、办学条件、经费来源、教师资格、教师进修、考试办法、管理制度等方面都有明确而具体的要求，同时还设立了一套包括立法监督、司法监督、行政监督、社会监督在内的职业教育实施监督系统，使职业教育真正做到了有法可依、依法治教、违法必究，促进了职业教育健康有序地发展。

德国职业教育立法起步很早。1869年颁布了《强迫职业补习教育法》。1889年又颁布了《工业法典》，以法律条文规定企业学徒必须与职业技术学校教育相结合。1919年制定的《魏玛宪法》也对职业教育做出了明确的规定。

德国1969年颁布的《联邦德国职业教育法》，堪称西方国家最严密、最详尽的职业教育法规。该法用法律的形式规定"双元制"职业教育制度。为联邦各州职业教育的发展和改革制定了统一的原则，保证了国家对职业教育的绝对领导和影响力。

1981年12月，德国联邦政府颁布了《职业教育促进法》，对《联邦德国职业教育法》进行了补充与完善，指出职业教育应成为公共事业的责任与义务。该法的主要作用在于确保职业教育在质量和数量上稳定而持续地发展。

随着时代的发展,原有职教法律法规已不能满足德国社会发展的需要。为此,2005年4月,德国颁布并实施了新的《联邦职业教育法》。该法将1969年颁布的职业教育基本法《联邦职业教育法》与1981年颁布的职业教育的配套法《联邦职业教育促进法》合并且加以修订,成为德国应对21世纪挑战、进一步大力发展职业教育的基本纲领。该法案由总则、职业教育、职业教育的组织、职业教育研究、规范与统计、联邦职业教育研究所、处罚规则和过渡条款与衔接条款共七部分105条组成。它的颁布为实施更广阔的职业教育提供了新的机遇。

新的职业教育法对传统职业教育体系进行了重大改革,其主要目的是通过各种方式增强职教体系的灵活性和重新调整学校教育和企业培训之间的合作关系。改革的变化主要体现在以下方面:其一,新职业教育法通过撤并一级行政管理机构,简化了培训职业和课程的更新程序;其二,新职业教育法通过如何实施厂内训练来增加培训体系的灵活性,包括在更加模块化水平组织培训的可能性;其三,新职业教育法给予各州政府较大的职业教育自主权。

德国工业的强大竞争力和创新力主要是从双元制职业教育体系中产生的。职业教育和学术教育之间的相互渗透以及实现连续的双元制职业教育途径,提高了职业教育的吸引力。

所谓"双元制",其实就是一种企业(通常是私营的)与非全日制职业学校(通常是公立的)合作进行职业教育的一种模式。这种模式是采取由政府对职业教育进行宏观管理,各企业主管部门自治管理,生产单位组织和实施的三级负责制。具体说来,"双元制"是同时在两个地点,有两个施教主体,也就是在企业和职业学校中进行教学而得名的。学员一般每周在企业里接受2—3天的实践教育,在职业学校里接受3—4天的理论教育。二元学员则全部来自于企业。德国的高中学生毕业后,要先到企业应聘,与企业签订劳动和培训协议后被派往培训学校学习。在培训学校的第一年,学生要接受内容广泛的职业基础教育，后两年主要是专业技能培训阶段。每周只有 3 天的理论学习，另外的时间进行实际操作训练。

过去，德国双元制的办学模式只限于一般职业学校，但自 1972 年以来，大学也开始实施双元制的模式。双元制大学的学生不但受到企业的欢迎，还可通过在校企交替学习的方式，完成本科学士学位的学习。在双元制大学体制中，高中毕业学生首先接受企业的考核、面试，与企业签订合同，而这个企业是与该双元制大学有合作关系的企业，换言之，该企业得到双元制大学的认可。只有企业认可的高中毕业生，才能够进入双元制大学就读。双元制大学毕业生的薪酬通常也比普通大学的毕业生要高。

双元制职业教育最大的特色在于它的"双元"性：第一，两个学习培训的合作伙伴，一是职业学校学理论，二是企业或行业协会学技术，理论与实践紧密结合；第二，两类教学内容，一是职校负责专业理论知识和文化基础知识，二是企业或行业协会负责技能培训；第三，两类教师，两种教材；第四，两种培训身份，一是职校学生，二是企业学徒；第五，两类考试，两类证书，即技能考试和资格考试取得培训证书和考试证书。

被誉为现代职业教育的摇篮的"双元制"，相对于其他职业教育体系，具有明显的优势，其良好的适应性，使其能根据人口、经济、技术和教育政策的变化及时做出调整。概而言之，德国双元制是一种促成三方共赢的教育模式，第一，有利于国家创新人才的培养，使产学研协同创新落地实施；第二，有利于充分调动企业办学的积极性，使企业的各种资源得到充分利用并可节约资金；第三，有利于个人缩短成才周期，促进自身的发展。

近十年来，德国力图建立一个"跨教育领域且学习结果导向"的德国国家资格框架（DQR），使其成为各类教育之间衔接与沟通以及职业教育与普通教育之间等值的工具。该框架的宗旨是：国家资格框架所指的所有能力基本上都是通过学校、企业、高校及职业教育和职业生涯等途径实现。

为建立有利于衔接和沟通各类教育的国家资格框架，经过七年时间的从议案到通过这一漫长的历程，2013 年 5 月，德国正式宣布实施国家资格框架。该框架直指六大目标。第一，基于可靠性、渗透性、质量保障三个维度进行优化支撑，使德国的资格体系更透明，更具可迁移性；第二，将该资格框架作为一个衡量和转换的工具，有利于使在德国取得的资格更好地分类，并在欧洲国家更快捷地获得承认；第三，对资格的分类编排能够实现普通教育、职业教育和高等教育间的等值；第四，促进学习者和相关人员在德国国内与其他欧洲国家间的流动；第五，获取资格过程以学习结果为导向；第六，提高非正式学习和非正规学习结果的评定和承认度，以强化和提升终身学习。

德国国家资格框架设定依据八个等级自下而上，经历了从新手到专家的历练过程。八个等级的评价指标主要都是围绕知识和技能两大维度进行拟定。其中知识是指在工作和学习领域中的事实、原理、理论和实践，或者理论知识和事实性知识；技能运用是指运用知识并知道如何实施，以完成任务和解决问题。其中技能又分为两部分，即工具性技能和系统性技能。

德国国家资格框架的内容安排具有以下四大特点：其一，对知识和能力的要求逐级提高；其二，对能力的要求强调创新性和强调技能的整体性；其三，注重对从业者综合素养和能力的培养；其四，看重团队合作能力。

展开而论，德国国家资格框架顺应了欧洲教育发展的趋势，是在欧洲职业资格框架基础上，以学习结果为导向，促进了终身学习理念的深入发展和学习方式的更新转变，同时嵌入德国本国特色与内涵的桥梁式的资格框架。此框架的出台主要是为了适应欧洲教育一体化进程的要求，将已有的各级各类职业资格证书纳入到统一的框架中。德国国家资格框架的实施，促进了普教、职教和高教改革的融通，为德国职业教育发展再上新台阶打破了政策壁垒。

其实，自 2008 年初开始，德国国家资格框架一直在试运行中。这一资格框架与欧洲资格框架是协调一致的，它的实施有利于改善各国资格透明度，以实现不同教育体系和各国教育系统之间的通融。

14. 新加坡：遏制媒体炒作"状元"

据《纽约时报》网站报道，2012 年 10 月新加坡小学六年级毕业会考成绩刚开始放榜，新加坡教育部长王瑞杰就宣布，从今起将废除一直沿袭下来的公布"小六"会考状元和考试成绩优异学生名字的做法，意在防止因考生和考生家长相互攀比给考生带来"鸭梨山大"。

据悉，新加坡出台这一举措也是为了遏制新闻媒体把会考状元炒得过热，避免给学校、教师、学生带来无形的竞争压力。事实上，新加坡新闻媒体在报道会考状元和取得会考顶级成绩学生方面"功不可没"，以至于那些状元和顶尖学生的大名经常出现在课外培训机构和学习辅导中心所做的招生广告中。

新加坡教育部长所宣布的不再公布会考状元和取得会考顶级成绩学生的名字，这一着"棋"是新加坡近年来改革公立教育制度系列举措之一。由于新加坡一直致力于教育改革，近些年来该国在国际上教育排名处于领先位置，但同时由于给学生施加过度的压力而招致社会批评。为此，2012 年 9 月，新加坡教育部宣布将废止那些对学校主要基于过去考试成绩的评价体系，同时还将削减那些由教育机构颁发给学校的学业成就奖。

新加坡教育部长表示，这些举措将会使"每所学校都可能成为优质学校，因为它们实施的是以学生为中心和以价值观为核心的教育"。最近，新加坡有好几位立法者呼吁要废弃小学毕业会考，因为该考试基本上决定着学生未来就读高中的路径。

另据新加坡亚洲新闻台报道，新加坡总理李显龙在新加坡城景小学 30 周年校庆活动中，也就近来备受关注的"小六"会考发表了他的看法。他认为，整个社会要准确拿捏读书考试的压力，既不能完全没有压力，也不应该过分施压，令孩子对学习失去兴趣。他说："我们不得不找到最佳平衡点，我们不想要学生有过度的压力。我们要做出一些调整，尽量把压力平息下来。"

15. 新西兰：以"全民教育"目标促教育发展

据《新西兰先驱报》网站报道，新西兰教育部发布了各地区相关教育统计数据，数据显示，相当部分地区未能完成政府所设定的教育宏伟目标，据了解，此目标也是新西兰政府近年来所提出的改善公共服务目标中的一份子。

据报道，全新西兰只有 1/4 的地区到 2016 年将达到政府所设定的 98% 的适龄儿童享受早期教育这一目标。

据新西兰政府所发布的数据，2012 年全新西兰逾 95.7% 的适龄儿童在接受早期教育，与 2011 年相比增加了 0.7%。

日前，新西兰教育部长黑卡·帕拉塔代表政府向社会所公布的相关教育统计数据，揭示了新西兰共 16 个地区各自完成政府所拟定的早期教育与中等教育目标的现状。据悉，这是新西兰教育部首次公布各地区教育相关数据。

据介绍，新西兰政府的目标指向是，到 2017 年年满 18 岁的学生获得全国教育成绩证书（NCEA）2 级的人数大幅增加，即 85% 的该年龄段学生摘取 2 级证书。与这一目标相比照，统计数据表明，迄今为止，16 个地区中没有一个地区达成此目标。

比较而言，离新西兰政府目标最接近的是尼尔森、奥塔哥地区，均为 82.7%；惠灵顿和奥克兰地区分别为 81.8% 和 81.1%。

此外，新西兰教育部长还提出了一个宽松目标，即 85% 的学生要达到或超过国家所规定的阅读、写作和数学标准。目前，还没有哪个地区达到此目标，最接近目标的是南部地区近 80% 的孩子阅读达到了国家标准。

教育部长黑卡·帕拉塔表示，数据是供各地区官员"窥视"与理解之用。我们掌握的数据越多，我们就能更清楚我们应朝什么地方进行更大的投资。

"一个地区人们所拥有技能的质量将有助于决定这个地区的生产力和

人民的福祉。当你审视所有这些地区的数据，你将会看到每个地区都面临各自的挑战，每个地区都有表现杰出的孩子。"她说。

16. 美国：监管非学历培训靠"两只手"

美国非学历教育培训门类繁多，层次各异，培训主体多元。美国非学历教育培训市场火爆、成熟、健康、有序归咎于"一手硬"与"一手软"。"一手硬"即美国政府将非学历教育培训市场的监管纳入法制化的轨道依法进行管理；"一手软"意指非学历教育培训机构自觉遵从法律法规和行业规定自我约束、自主发展。

地方分权成为美国教育管理的主要特征。美国教育管理是地方性事务，有关教育政策和教育实践主要由地方性法规掌控。当殖民地教育萌生之日起，美国就没有现成的联邦政府来监管教育的发展。随着州政府权力的不断增加，州政府在监管公共教育方面的正式权力也被写入当地的法律中。有关州政府对教育的管理权限可以追溯到美国宪法第十修正案——"凡是宪法未规定而又非各州所禁止的权力，皆归属各州和人民"。

美国宪法把管理公共教育的权力授予各州之后，联邦政府对公共教育不进行直接管理，而主要通过立法、拨款和提供信息服务进行宏观管理。因此，由国会颁布的教育法主要涉及联邦政府和教育行政机构的职责和义务，对各州则少有强制性规定。

美国的教育立法权和行政管理权主要在各州。州议会审议通过本州教育法案，州教育行政部门制定行政规章、负责执行这些法律。美国各州通过立法使教育管理在法律的规范下运行。

州政府是非学历教育培训市场监管的主体，州教育委员会是监管的实体。概括起来，州教育委员会对非学历教育培训市场的监管主要采取以下手段：第一，通过州议会立法来引导非学历教育培训机构健康发展，充分发挥立法的引导效力；第二，通过行政手段实施严格的准入制度与审查制度，诸如颁发办学许可执照和实行年检制度等，充分发挥刚性管理效力；第三，通过管理者角色的转变，从监督者、评价者到协助者，以经费支援、人力配合、教育咨询服务、教学资料提供等手段，充分发挥以服务为导向的软性管理效力；第四，通过实施"胡萝卜加大棒"式的监管方式，即通过评估督查，对于达到州所规定的办学标准的教学机构给予拨款资助；对于违规办学未能达到州所规定的办学标准的培训机构，实施吊销执照乃至关闭培训机构的处罚，充分发挥管理的激励与惩罚效力。

美国是奉行"法律主义"、"法律至上"的国家，以在教育领域推崇"依法治校"而著称。美国高度重视教育立法和严格执法，十分强调用教育法制来规范办学机构的办学行为。

美国各州对于非学历教育培训市场监管有赖于各州所制定的《学校法》。各《学校法》中严格规定了非学历教育培训市场监管部门的权限与职责范围、培训机构的职责与义务等，各自的权力、权利与义务边界界定清晰。这些法律规定具有很强的实用性和操作性。同时，美国《学校法》还具有可变性的特征，随着时代的变化与发展，各州议会可以对《学校法》中有关规范非学历教育培训市场的法条进行适时修正。

以佛罗里达州《学校法》为例，该法言明鼓励社会开办非学历教育；立法认可国家承认的有资质的组织或协会所制定的非学历教育培训标准；鼓励培训机构把被认可的评鉴标准作为其办学的一般指引。

该州《学校法》规定，面对课程或培训项目的消费者，非学历教育培训机构要向未来的学生公开培训机构办学宗旨、培训项目及其课程内容、教学设施设备情况、办学的资质与执照、收取的费用以及返还费用的政策。在学生正式入学前，培训机构要用可靠的方法测量学生是否有潜力能顺利完成他／她所申请的课程学习；要让学生知晓是否具有学习费用资助以及贷款政策，还包括参加此培训后培训机构帮助提供工作及薪酬情况。

阿拉斯加州《学校法》对于非学历教育培训机构开办许可的申请与评估、认证、变更、终止、年度报告和年检等都做了详尽明确的规定。该法规定，认证机构需得到美国联邦教育部认可。只有当培训机构提供了符合州主管部门所提出的最低标准申请材料、经审查得到许可证之后方能办学或办班，其中涉及场地、经费、师资、教学设备设施等，如不能满足基本要求审查不合格，教育主管部门有权拒绝颁发开办许可证。

关于办学许可，美国各州法律规定差异较大。以远程教育为例，在明尼苏达、马萨诸塞、宾夕法尼亚等州，几乎所有的培训机构都需要办学许可；阿拉斯加、印第安纳、夏威夷等州，只要求极少数教育培训机构办理办学许可；而在加利福尼亚、佛罗里达、伊利诺斯等州的教育培训机构，需视情况办理或不办理办学许可。

美国各州法律赋予了非学历教育培训机构充分的办学自主权，拥有相对独立的财务和用人制度，使办学实体或培训机构可实行市场化运作。各机构可根据自身的发展规划、优势学科及师资等状况开展培训项目，进行自主招生和教学培养，颁发结业证书等。美国政府在赋予培训机构更多的自主权时，也要求培训机构做到严格自律。

美国非学历教育培训机构都建立有本行业的办学标准与规范，一般由州主管部门和行业协会制定包括培训目标、培训意义、测评标准及审核信息，以便社会监督，以便有效约束办学者行为，对规范和引导培训机构起着至关重要作用。

美国政府积极推动和促进信用体系建设，使美国成为世界上公认的信用制度最为完善的国家。国民信用意识十分强烈，绝大多数非学历教育培训机构不会轻易让自身信誉蒙受"污点"。这一切，都为美国非学历教育培训市场的健康运行奠定了良好的基础。

美国强有力的行政执法和严格的行政处罚，是美国政府监管的"有形之手"。美国政府对于非学历教育培训市场的监管行为始终贯穿这样一个原则：对违法行为绝不姑息。各州《学校法》都严格规定了禁止培训机构做虚假广告、允诺工作，肆意夸大接受此培训要比没接受此培训更易找到工作或获取更多的薪酬等。

美国非学历教育培训市场还来自公司法的约束和接受消费者协会的管理。对于培训消费者的投诉设置有专门的投诉机构，各州在公众媒体上向消费者公布有受理投诉人投诉的姓名、职务、电话和电子邮件。如培训消费者与培训机构发生纠纷，培训消费者可向相关的消费者协会进行投诉，寻求维护自身权益。如在消费者协会不能找到维权之道，还可诉诸法律要求法院进行判决。

17. 美国：在家接受教育优势明显

据《美国教育新闻网》网站报道，随着美国家长对美国现行教育体制不满意程度的增加，在家上学的美国学生人数随之上升。自 1999 年以来，在家上学的学生人数增加了 75%。虽然目前在家上学的学生人数只占全美学生人数的 4%，但小学生家长放弃就读传统学校的人数增长迅猛，其增长的速度是每年入读 12 年制学校人数的 7 倍。根据最新数据，研究人员预测，未来 5 至 10 年在家上学的美国儿童的数量还将激增。

尽管在家上学呈上升趋势，事实上，对于父母提供给孩子教育质量的担忧一直存在。可喜的是，有那么多的在家上学的学生参加标准化测试，这一点就足应把对在家上学质量的担忧搁置一边。有关在家上学的统计数据显示，那些在家上学的学生在标准化统测中的分数排列在百分位数的第 65 至第 89 之间，而那些就读传统学校学生的得分平均位于百分位数第 50。此外，学生之间形成的成绩差距，这一点也长期困扰着全美各地的学校，不是在家上学所拥有的教育环境所导致的。其实，学生的成绩差异与性别、家庭收入水平、种族、少数族裔没有很大的关联。

最近的研究成果表达了对在家上学学生所取得成绩的溢美之词，具体说来，就是他们在美国高考（ACT）考试中的综合得分显著高于在校高中生，也高于在校大学生的平均分。令人惊讶的是，一个在家上学的孩子教育平均支出每年为 500 到 600 美元，而公立学校学生人均每年支出则为 10000 美元。

美国最好大学的招生人员不得不承认在家上学孩子所取得的惊人成绩。那些来自非传统教育环境的学生被高校录取且获得大学本科文凭的比例，远远高于那些就读于其他公立学校甚至是私立学校的学生。在家上学学生被麻省理工学院、哈佛大学、斯坦福大学、杜克大学等录取的比例相当高。

事实上，在家上学的孩子也没有错失所谓社会化的机会，这些被认为是一个传统学校环境所提供的一个重要部分，这也是那些经常缺课学生所缺乏的。但在家上学的孩子所拥有的令人吃惊的优势，就是比同龄人更倾向于参与社会。根据美国国家家庭教育研究所的调查，他们展现出一种"健康的社会、心理和情感的发展，并顺利地进入成年期"。

近日，美国研究者布瑞恩·雷博士表示："希望观察到在未来5到10年在家接受教育的学生人数有显著增加。这种上升既包括在家上学的绝对人数，也包含占就读12年制学校学生的百分比。这一增长部分是因为那些20世纪90年代在家接受教育的群体可能会将自己的适龄儿童放在家里继续成功的家庭教育。"

18. 美国：以教育调查促质量提升

据美国《芝加哥论坛报》网站报道，2013年，超过110万名的学生、教师和家长填写了"伊利诺伊首次全美教育调查表"，如此大规模的教育调查在美国教育史上史无前例。此举为美国政府和教育教育机构"窥探"与诊断公立学校教育提供了第一手材料。

据介绍，本次教育调查采取匿名问卷形式，问卷提供了详尽的有关教师如何教授、学生如何学习和校长如何引领的问题。此调查旨在撬动公立学校的改进与教育质量提升。

据有关教育官员介绍，各学区从今年6月份已经着手合并相关的原始调查数据，学生家长和纳税人有望今秋通过网站能看到最后的调查结果。

据悉，75%的K-12年级教师和70%的从六年级至十二年级的学生今年参加了网上调查，累计达957000人。同时，近200000名家长也完成了调查。

"我认为完成如此大规模的调查是件了不起的事情。"芝加哥大学城市教育研究院负责人蒂莫西·诺尔斯说。伊利诺伊州教育委员会正在与一个非营利性研究机构开展合作进行调查。

据报道，这样的教育调查是由法律规定的，每两年进行一次，前提是调查专项经费能到位。按照相关规定，学生和教师也可选择不参加此项调查。

此项调查可以揭示出教师的教学和教育管理者的行为中潜在的一些不足，也能反映出学校整体的教育质量。调查还要求教师对他们的校长做出等级评价，诸如要求教师对"这所学校的校长是一位能使学校顺利运营且高效的管理者"这样的问题进行陈述。总之，整个调查汇集了教育者所关心与关注的一些问题。

说到底，此项调查的初衷是为了研究是哪些因素促成了学校成功，包括校长领导的有效性，教师间的合作，对家长的指导以及与家长形成教育合力等。

19. 美国发布最新科学教育标准指南

据美国《纽约时报》网站报道，2013 年 7 月，美国教育工作者发布了将带来质的变化的最新科学教育标准指南，包括首次建议尽早在中学阶段教授"气候变化"。

据报道，美国最新发布的全称为"下一代科学教育标准指南"要求教师教授学生气候变化与进化论相关知识内容。该指南就孩子们应该学习有关进化论的知识，立场非常坚定，尽管会遭到一些教徒师生的反对与抵制，但参与编制该指南的科学工作者认为，进化论毕竟是一个多世纪以来生物科学中的核心知识内容。

美国科学教育标准指南，是自 1996 年以来全美第一个涉及面之广的科学教育纲领性文件，它是由全美 26 个州政府和学术团体组织相关科学家和教师共同研制而成。

参与研制指南的教育工作者说，该指南旨在唤醒人们对科学的重视，在州与州之间建立起相对统一的科学教育标准，这是一件对国家未来的经济至关重要的事情。

该指南聚焦于帮助学生通过学习科学工作是如何开展，以此来成为一个更加聪明的科学消费者。为编制此指南付出努力的领导者们说，在有些情况下，像传统的生物和化学课堂可能会从高中课堂中完全消失，取而代之的是，将以功能整体性的方式，并运用案例法取代这些传统课程的教学来教授科学。

迄今为止，在全美已有45个州和华盛顿特区采用了已发布的包括数学和英语在内的跨州共通核心课程标准。这些标准旨在培养学生的批判性思维和基本的观察能力。

气候变化与物种进化是美国下一代科学教育标准指南中的两个分支系列，其中包含数以百计的新的知识链。据悉，美国许多州打算在近一两年内采用该指南。

20. 美国政府"停摆"，对教育影响几何

据美国《教育周刊》网站报道，自2013年10月1日起，由于美国国会未能通过新财年预算拨款案，美国联邦政府关门（shutdown），此举引发了美国部分教育官员的担忧，但比较乐观的是，全美学校像往常一样，孩子们还在正常上学。

不过，伴随着政府关门，可以肯定的是，美国有些教育部门已经感到一丝"头痛"，特别是联邦政府专门用于对处境不利儿童进行教育补偿的"开端计划"（Head Start）中的学前教育项目受到了很大的影响，导致好几个州的学前教育中心已关闭，其根源就在于国会未能在2013财年9月30日到期之前通过联邦政府预算案。

美国政府的"停摆"，大大延缓了联邦政府教育研究的进程，致使联

邦政府与各州政府合作实施的 K-12 教育（是指从幼儿园到十二年级的教育）相关事项暂时搁浅；导致坐落在华盛顿哥伦比亚特区的联邦教育部所在地变成了一个名副其实的"鬼镇"，逾 90% 的教育部工作人员从 10 月 1日起闭门休假。

"虽然这次暂时关闭没有像华盛顿哥伦比亚特区人们所想象的影响那么大，但政府整体功能障碍已对我们学校造成了伤害，"路易斯安那州学校首席执行官约翰·怀特在接受采访时说。他所指的伤害意即教育全面的预算削减，被称之为"自动减缩"。他争辩说，这样会对某些学生群体带来特别难处，比如那些处于不利地位的儿童。

侥幸的是，大部分的 K-12 教育资金都已在政府关门之前进行了分配落实，以保证政府工作人员回家休假之前，学校教育所需经费能正常运转，譬如，联邦教育部已确保了 220 亿美元用于"关键配方项目"，其中包括第一条款、特殊教育和职业技术教育，这三大项目都要求在 2013 年 10月份正常实施。如果政府继续关闭，另外的员工可能会回教育部帮助分配其他三项竞争性拨款项目资金，它们分别是："力争上游"、"投资创新"、"承诺社区"。这三项资金一定要在 2013 年 12 月 31 日前拨款到位。

据介绍，联邦政府的其他一些主要教育项目，有可能不会受到政府短期"停摆"的影响，主要是由这些项目的结构所决定。例如，大多数儿童营养项目，包括学校的早餐和午餐计划，这些都是由美国农业部负责，可以打保票地说，10 月份这一个月的供应将不会中断。

显而易见，政府关门肯定会导致不良后果。90% 以上的联邦教育部雇员总计达 4000 人将在政府"停摆"期间休假。倘若政府关门持续一周以上，将会安排工作人员陆续重返工作岗位暂时上班，但上班的人数最多不超过6%。

因为联邦教育部工作人员休假，使得各州教育机构来华盛顿办事成为泡影。"我告诉大家，'不要打电话至联邦教育部，那里没人接听电话。'"肯塔基州教育委员会委员特里·霍利迪告诉同行。事实上，肯塔基州教育官员原打算给联邦教育部打电话咨询有关该州落实《不让一个孩子掉队法案》豁免监控事项，但因政府关门，那只能往后延迟。

同时，政府关闭对"开端计划"中心带来了巨大影响，其中23个中心期待今年10月份新一轮来自于健康及公共事业部的资助。据悉，这些中心为近19000名孩子提供服务。

来自美国国家"开端计划"协会消息说，至少在阿拉巴马州、康涅狄格州、佛罗里达州和密西西比州的四个中心不得不立即关闭，另外的三个中心也将关门。

据了解，大多数联邦教育项目资金很大程度上都是"靠前拨付"，这意味着各地区在新财年开始前已把大部分款项事先弄到了手上。但联邦政府的"影响扶持"（impact aid）款项是按照不同时间表进行拨付，这样很容易受到国会"变幻莫测"政策的影响。

美国政府关门伊始，约1200个接受"影响扶持"款项资助的地区已经感受到了来自政府关门所带来的刺痛，凡接受"影响扶持"项目资助金额超过10亿美元的地区，其资助资金通常要到10月末才能到位。

如果政府关闭还持续更长一段时间，或者如果国会通过一系列短期延长措施，以此来使政府重新开张仅一周或两周，这样会给接收"影响扶持"资金的地区带来更大的混乱。一些地区已经要求联邦政府预支他们的联邦资金，但吃了"闭门羹"，这一切都是因为政府关闭所致。

俄克拉荷马城附近所在地区，大约每年接受"影响扶持"项目款项50至60万美元。该地区学监帕姆·迪琳表示，不希望因拨款延后而解雇员工或削减计划，但她担心今年该地区的资金储备会减少，因为俄克拉荷马州正面临自身的财政窘境。

另外，美国教育研究人员也已觉察到了政府"停摆"对他们造成的直接影响，他们迫不得已推迟发布"全美教育进步评估（NAEP）与国际数学和科学评测趋势（TIMSS）相关性研究"的研究成果。

美国教育科学研究所网站和其他相关教育相关网站一样，除了发布"我们只不过是'由于一个未能通过的拨款预算案而闭门谢客'"这样一则无奈的公告，再无其他及时更新的内容。美国联邦教育部网站也发布了因政府"停摆"而不能更新网站内容的公告。

有不少美国教育人士担心，政府暂时关闭给教育带来影响，如果政府不提高债务上限而导致债务违约，最终动摇了整体经济，那么学校可能会因资金短缺而遭受严重的挤压。还有教育人士表示忧虑，假若出现新一轮的经济衰退，这将意味着所有的赌注都玩完了，"这将给我们正在棘手处理的学校'雪上加霜'"。

第二辑

寻变：重塑学校

教育寻变，学校理应是主体。针对公立学校系统中暴露出的种种弊端，一些西方教育发达国家打出了"重塑学校"的旗号，吹响了教育破冰的号角。英国《卫报》曾发起了"我喜欢的学校"征文评选活动，英国学生道出了他们心仪学校的画像；加拿大、澳大利亚、日本等国重塑学校从细节入手，一是抓校园文化建设，"让每一面墙都说话"；二是抓学校网站建设，因为网站是学校最大的"名片"。

重塑学校，美、英政府使出狠招，美国相继关闭教育质量低下的公立学校和特许学校，以关停并转来倒逼重塑学校；英国要求学校要向家长公开学校办学信息，以第三方力量来监督学校的改革与发展。

重塑学校，英国、日本尝试从"民间"招募校长，通过改变校长的"出身"来引领学校重塑。在英国，教师薪酬分配权下放至学校，借力给学校松绑放权来推进学校重塑。

01. 英国：童言无忌话"理想学校"

2001 年，英国《卫报》发起"我喜欢的学校"（The School I'd Like）征集评选活动，邀请英伦三岛在读的中小学生描绘出自己心目中理想学校的蓝图。活动的消息一经发出，得到了热烈的响应，学生们纷纷通过电子邮件，以诗歌、短文、图片等形式，描绘他们喜欢的学校的样子。超过15000名学生以不同形式的作品表达了自己的想法。有的是全校参与，有的是全班参加，也有的是以个人身份发表自己的看法。

《卫报》邀请教育专家对所有参赛的作品进行评审，提炼出了八条具有共性的条目，以"学生宣言"的方式加以公布。

综合起来，"我喜欢的学校"应该是这样的：

一所漂亮的学校。有玻璃屋顶，阳光能照射进来；有整齐的教室和色彩明亮的墙壁。

一所舒适的学校。有沙发和豆袋椅，地板上有坐垫；桌子不会划伤我们膝盖；有能抵挡强光的百叶窗；有安静的教室让我们能静下心来。

一所安全的学校。需要刷卡才能进校门，配有防范被欺负的警报器，开设急救课程，当我们有烦恼时能有人可以倾诉。

一所倾听的学校。学生能参与学校的管理，能代表班级发表意见，能有机会投票挑选老师。

一所灵活的学校。没有正规的课表和严格的考试，没有必须完成的家庭作业，没有整齐划一的课程，学生能按照自己的兴趣把时间花在喜欢做的事情上。

一所连接社会的学校。学生在丰富的经历、实验和探究中学习，常会实地探访历史古迹，老师对他所教的内容有着很好的实践经验。

一所尊重人的学校。在那里，学生不会被看做是接受知识灌输的容器；在那里，老师把学生看做是一个个独立的个体；在那里，学生可以跟其他的成年人自由交流；在那里，学生的想法得到充分的重视。

一所没有围墙的学校。学生可以进入学校以外的天地去学习，可以去照料动物，也可以到大自然中去探索。

一所全纳的学校。无论男孩女孩，无论背景差异，无论能力大小，都可以在学校学习。学校不设年级，学生不用互相竞争，只需尽自己最大努力去学习。

综合英国学生所描绘的他们心仪的学校，他们认为应该是这样：

——每个孩子都拥有足够的铅笔和书籍；

——拥有笔记本电脑，既可在家里也可在外面继续学习；

——教室拥有饮用水，操场拥有类似矿泉水一样的软饮料；

——拥有训练用的校服，男孩女孩戴着和穿着不同的棒球帽和羊毛运动套装；

——拥有清洁卫生能够锁住的厕所，里面配有卫生纸和肥皂，可以冲水但不是那种链条冲水槽；

——拥有快餐式的学校晚餐，不需要劳驾烹饪晚餐的女士；

——拥有足够大的置物柜储存我们的东西；

——拥有游泳池。

十年之后的2011年，《卫报》再次发起"我喜欢的学校"征集评选活动，来自英国各地的关于孩子们所喜爱的学校的想法邮件和信件等，雪花飘似的飞进了《卫报》，孩子们的想法涉及范围之广，从奶牛到课后俱乐部等。《卫报》专门抽选了10名学生组成监督与编辑小组，参与了整理学生们的征文工作，梳理起来以下是他们的宣言：

活跃：拥有不同类型的体育运动，包括柔道、舞蹈、空手道、足球、攀岩和游泳。还应拥有配备有攀爬框架的操场和可以了解大自然的树上小屋。

"攀岩可能有助于你的教育，因为你不得不思考应该把手和脚放在何处。"

镇静：拥有一间使人能静下来的房间；用音乐代替铃声；拥有一个安静的地方，娱乐的时间可以画画、阅读和玩棋盘游戏。

舒适：拥有装豆布袋、够大的椅子、够小的椅子和拖鞋以及可以储藏东西的私人空间。那里夏天应提供冷饮，冬天应提供热饮。

"毛茸茸紫色地毯，我们可以只穿袜子在上面行走。"

创造性与丰富多彩：拥有很多房间来创作与展示艺术作品；把走廊与餐厅的墙涂上鲜艳的颜色；教室鲜花簇拥。

"我想让黑色、橙色和灰色远离我们学校。"

专家：拥有那些不是照本宣科而是能使学科变得栩栩如生的教师，拜访名流并与之对话了解他们的所作所为。

"我们想拥有斯蒂芬·霍金来教我们的理科。我想要戈登·拉姆齐来为我们烹饪午餐，但他得向我们承诺要封掉他的嘴。我想要贝斯·库珀来教我们历史，因为据网上资料，她是迄今活在世上年龄最大的人，所以她可以向我们讲述她的一生。"

弹性：拥有更多的时间学习自己心仪的科目，除了数学和英语之外没有其他强制性的学科；拥有更多的时间开展艺术与体育活动。

"倘若我们正在做的事情需要大量的思考，应留给我们充足的时间来完成。"

友好：拥有说话和风细雨而不吼叫的教师；拥有能与之谈话的教职员中的特殊成员。应该被允许在课堂上能与朋友和"同党"坐在一块。

"最酷的事情就是友谊'长凳'。无论是谁坐在那里很伤心，当有人走近他们并总是关心地问怎么了，此时一个拥抱将驱散他们的悲伤，他们便开始一起玩耍。"

倾听：拥有班级论坛来表达观点；拥有机会来和老师进行私密的交谈。远远不只是倾听，老师能认真对待学生的评论，最终带来些改变。

"我想拥有一个建议箱，因为我们可以和校务委员会彼此分享不同见解。"

兼容：那些成绩各异、能力、背景不同的学生能在一起学习。每个学生都应安排在一间房子里学习，允许有机会进行小组学习或单个做功课。

"我认为只把那些擅长编写故事的同学的作品展示在学校大厅是不公平的。我认为每个学生的作品都应展出，只有这样做才能保证每个人都没有疏离感。"

国际化：拥有来自世界每个角落的食物；教室拥有来自全球的学生；拥有出国学习和了解他国文化的机会。"

"午餐时分，一份份纳米比亚、中国、印度和法国食物风味的自助餐供应在形状似花的盘子里，我们一边享受该国的美食，一边听该国的音乐。"

户外：历时两周的修学旅行（没有任务单），照料像鸡、羊和马一样的动物；利用温室种植水果和蔬菜，在学校享用或出售来筹集基金。

技术：拥有 iPad 来阅读和学习；用 MP3 播放器放音乐在课间放松自己或当独自一人学习时来帮助集中注意力；把家庭作业用 U 盘保存（节约纸张）。

"应拥有用于课堂的数字录音机，假如你中途去上厕所，回来后仍能赶上你落下的内容。"

英国学生认为，他们最好的学校应是：

——没有家庭作业（所有的功课都在学校完成）；

——弹性作息时间表；

——长达一小时的午餐时间；

——允许带宠物进校园；

——开设急救课;

——可选择展示个性特长的校服;

——成立涵盖多种学科的校外俱乐部;

——供应热的晚餐;

——人手一部 iPad;

——拥有足球场;

——少量的测验(但不是完全没有测验)。

面对同样主题的征文,穿越十年的时间,最具有共性的是,2001 年和 2011 年的征文,孩子们最想改变的是课程表。2011 年孩子们抱怨最多的是"灌香肠"式的"千人共用一把尺子"的学校教育。两次征文所反映的最大不同在于一是硬件,二是权利意识。2001 年,孩子们渴望拥有笔记本电脑,但到了 2011 年他们想拥有的是 iPad 。当下的英国学生大胆宣称他们拥有发表自己观点的权利,而在 2001 年,学生们的权利意识远远不如现在。在 2011 年的征文中,一个名叫雷切尔·邓加特的 12 岁学生这样写道:"孩子们应该与老师平等,他们的意见需要被每个人所听取。"

总体说来,两次征文活动极大地调动了学生参与重塑学校活动的热忱,为孩子们提供了无限的想象空间。按照孩子们自己的说法,此项活动犹如给他们"租借了一只能倾听我们声音的耳朵和搭建了一个发表我们自己想法的平台"。有学生提出他理想中的学校应修建在"水下、地下和太空三个不同的地方"。有个叫克雷尔的学生建议,每个学生都应在自己班上的墙壁上画点什么值得纪念的东西,等他们长大成人后好重温学生时代的美好时光。有一个名叫安德鲁的学生提出"还应该容许学生以投票的方式来评选出他们最不喜欢的老师"。

《卫报》2011 年的评选活动,在继续开展"我喜欢的学校"评选的同时,还开展了寻找与走访活动,希望能找到符合"学生宣言"所描绘的学生喜欢的学校的现实样本。不少学校对此作出了积极响应,包括相对贫穷、教育质量并不高的翰顿学校。该校坐落在北伦敦,现有学生 1300 名。翰顿学校把反映自己学校是学生心目中理想学校的素材制作成光碟寄给《卫报》，力争能成为孩子们心目中的理想学校。正如该校有名 9 岁的学生帕雅莉·戈帕尔所说，不是学业成绩使这间学校显得特别，而是其"氛围"。位于英国南部汉普郡的纽兰德斯小学以打造愿意倾听学生声音为目标的理想学校，正如该校校长麦卡锡所说，"因为孩子们脑子是新的不是旧的。倾听孩子们的想法是学校的哲学信条"。他们还认为理想的学校应该是国际化的。为此，该校打算与非洲肯尼亚的学校建立姊妹学校。

《卫报》相关负责人声称，面对学生们所提出的这些有关他们心目中的好学校的想法，他们不仅仅是纯粹为了征求学生们的想法。他们允诺要倾听孩子们的想法。他们将把孩子们的宣言呈现给那些影响舆论的人士，以征求他们的反馈意见。

征文活动结束后，《卫报》精选了部分作品，结集出版了《我喜欢的学校：小孩和青年人对 21 世纪教育的反思》（*The School I'd Like: Children And Young People's Reflections On An Education For The 21st Century*）一书，在社会上引起了较大的反响，给该活动的组织者带来了意想不到的效果。

学生是学校的主体，学生是学校的主人。尽管各国制度与文化存在差异，学生心目中的理想学校也会有别，但是《卫报》"我喜欢的学校"评选活动至少可以为我们重塑学校形象和打造理想学校提供另一种视角——通过孩子们的声音反思我们的学校教育。如何打造出多所真正意义上的学生喜欢的学校，我们任重而道远。

02. "让每一面墙都说话"

一所优质的学校，其主要场室设计与布置必然充满教育意蕴，其"场室"文化一定富于个性。因为，文化是一所学校最值得品味的东西，其中"场室"文化是学校文化的重要一隅。"场室"文化能折射学校的办学理念与核心价值观，凸显办学特色、展示学生的个性特长，处处透出丰富的教学资源和文化力。先进的"场室"文化本身就是丰富的教育资源，具有个性化、互动性与审美性的典型特征。

笔者有幸曾被教育部公派赴日本留学，学习期间主动和被邀请到过好几所日本中小学考察与交流。近十年来，出于工作需要，笔者先后赴澳大利亚、加拿大、日本等国中小学考察基础教育。异国独特的中小学"场室"文化给笔者脑海里烙下了很深的印迹，深刻体悟到了异国学校的一种"场室精神"与学校独有的"味道"。

日本中小学校长办公室文化有其独到之处，在校长室墙壁上都挂有历届校长的"标准照"并附上任职时间，这样的布置在日本中小学可谓是千校一面。在邻近日本海的新泻县猿桥中学，该校校长办公室墙壁上挂有17任校长的黑白或彩色照片，其排列顺序是严格按照担任该校校长时间先后顺序排列的，给人一种庄严与敬畏感。通过浏览历届校长照片，便可大致知晓该校的办学历程。似乎这些"先辈"校长的照片，无时不在无声中提醒现任校长如何在前任校长基础上谋求学校更大的发展。这些照片给人感觉可以起到催人奋进的作用，让现任校长感受到前有"先辈"后有"追兵"，在无形压力中可以增强现任校长的使命感。

国外一些学校没有像我国中小学专门开辟有校史展览（陈列）室，澳大利亚霍巴特市的 Fahan School 将学校所获荣誉的锦旗、奖牌、奖杯等陈列在学校对外接待室，在接待室里既可向客人介绍学校的历史、现状、特色等，又让客人在环顾接待室的墙壁、陈列柜中，不经意地了解了该校所取得的办学成果，此设计文化真是一举两得。

此外，与我国不同的是，国外学校所展示出的学校办学成果中几乎没有学生考试成绩这一项，主要展出的是学校在艺术、体育、社会实践、辩论大赛等方面所取得的骄人成绩，重在特色。

将学校的办学理念、学校培养目标、各年级工作目标等通过物化的形式凸显出来，这是国外中小学"场室"文化建设的常见做法，其目的在于内化学校价值观，增强学生对年级建设价值观的认同。

日本中小学体育馆文化可谓独树一帜。日本中小学体育馆功能多样化，它集学校集会、学生集中午餐、学生上球类体育课和进行球类比赛于一身。为充分发挥体育馆能"说话"的功能，新潟大学附中体育馆的布置独具匠心，该校将学校的办学理念"自主、独立、协同"六个大字镶嵌在体育馆显眼位置，让学生几乎每天都能见到。通过这种耳濡目染的方式，学校的办学理念就不经意地浸透到学生的脑海中。该校还根据不同阶段的需要，在体育馆内悬挂有鼓舞学生斗志的标语口号。经过时间的洗礼，久而久之，日本中小学体育馆文化逐渐形成。

日本中小学教室文化也有其特色，其中一般都将年级目标书写在各班级墙壁上。新潟大学附中初二年级的目标为"培养学生的集团意识"；新潟市立卷西中学初三年级各班墙上都用英文写着"我为人人，人人为我"的年级目标。由此看出，日本中小学非常重视学生目标意识的培养，在他们看来，班级没有目标，就宛如撑杆跳高运动员跳高面前没有横杆一样，缺乏目标指引。他们认为，班级的目标不能只停留在嘴上，还要将其上墙进行强化，以便无形中督促学生将目标落实到各自的具体行动上。

加拿大中小学教室布置以张贴励志话语为主。在位于卑诗省温哥华地区的Gleneagle School，其中有一个班这样写道："我们是自己的主人。然而，更重要的是，你们是你们自己的主人。"在另一个班教室墙上张贴有"3-Ds"成功法则，即：愿望（Desire）、纪律（Discipline）、奉献（Dedication）。在ST.George School，有个班级张贴出学生所写的有关鼓舞自我的"我能"励志文，其中一个名叫艾伦男生这样表达：我能够，我能成为好莱坞的巨星，我能做30个俯卧撑，我能思考成为一个著名足球明星、能听到球迷的尖叫声；另一个名为爱丽丝的女孩如此写道：当我长大成人，我能成为一个素食主义者；我能像足球运动员和体操运动员那样每天运动，我能思考我将和所有的动物一道活跃在非洲的草地上。

澳大利亚中小学教室布置非常温馨，颇具个性化。在Scotch Oakburn College某一教室，我们看到张贴有这样一幅"4R"班训，即：尊重（Respect）、责任（Responsibility）、顺应（Resilience）、反思（Reflection）。

"让每一面墙都说话",而且替学生说话,每一处都是以生为本的写照,每一面墙都成为了学生展示的舞台,在每一面墙上都能听到学生心灵絮语,都能看到学生智慧的光芒,这是我们考察澳大利亚和加拿大中小学最大的感受。

澳大利亚和加拿大学校的走廊文化值得我们去探寻。在他们看来,走廊不只是学生活动的场所,它也是展示学生才艺与个性特长的一个主要平台。在澳大利亚和加拿大学校的内走廊,有的展示的是学生参加当地体育或音乐比赛所获得的金灿灿的奖杯;有的展示的是学生参加各类表演与展示活动所拍摄的纪念照片;有的张贴的是一幅幅看起来很稚嫩,但富有个性特色的学生美术作品或手工作品,学生的成就得到了充分展示。有的张贴的是学生社团"招兵买马"的广告,其中两则招聘广告引起了我的注意,一则这样写着:我们渴望寻找"热情、宽容、乐于助人、体谅他人"的你;另一则如此表述:欢迎"善于合作的学习者、具有团队精神的合作者、擅长解决冲突的智者"加盟我们社团。

更有意味的是,在 The Hutchins School 游泳馆外墙上用瓷砖作底,印有学生的自画像或手印,好比在好莱坞星光大道上将国际巨星的介绍影印在人行道上一样,学生的个性特长得到了尽可能的张扬。

众所周知,"场室"文化是学校的"表情",是学校文化的主要载体之一。无论是我们所考察过的北美、大洋洲,还是我们的近邻——日本的"场室"文化,均担负着重要的教育功能,都具有浓郁的文化气息和鲜明的个性特征,都在潜移默化或润物细无声中引领与影响学生的成长。

03. 学校网站:国外学校的"名片"

学校网站是学校的"面子"工程,也是一张不需印的最大"名片"。毋庸置疑,学校网站是全方位宣传学校的窗口;是全面展示学校特色与亮点的综合性平台;是学校与家庭乃至社会沟通的桥梁;是资源共享中心;

是教育教学研究平台。学校网站还是体现学校办学理念、育人目标、学校文化的一面折射镜。

放眼世界，一些发达国家非常重视中小学网站的设计与建设。在他们看来，打造学校网站是打造学校品牌必经之路，是学校软实力的表现。浏览国外中小学的网站，一股特别的文化气息扑面而来。网站布局设计新颖别致，有创意，充满想象力，凸显个性与特色，形成自己的独特风格。清新、美感、活力、高品味，是其共同特点。

笔者经常浏览的这些国外网站的学校，大都能根据自身的办学特色、文化理念、教学特色，设置彰显自身特色与优势的特色栏目，做到"量身定做"式的个性化设计。栏目定位准确，规划科学，服务对象定位清晰，网站内容不断及时更新。

打开英国里丁梅登厄里学校（Maiden Erelgh School）网站首页，你会发现该校网站首页显著位置旗帜鲜明地被"烙"上了"出类拔萃"学校的字样。该校网站充分凸显以学生为本的理念，栏目设置有"学生服务"，其子栏目有"写给父母亲的信"，家长可登陆学校网站与学校老师进行深入沟通交流。"学生服务"栏目还包括"校医"、"健康与幸福"、"生涯指导"等。该校以学生为本，还表现在该网站上介绍学校为每个学生配备校内或校外"导师"，学生到了十二、十三年级还为其配备专家"导师"。

该校网站首页上有校长欢迎词，欢迎词中说"这是一所机遇与成功齐飞的学校"，接着介绍学校办学历史与特色，笔者以为，这种以校长口吻介绍学校更具权威性与亲和力。

浏览 2005 年笔者曾经访问过的澳大利亚塔斯马尼亚州霍巴特市法翰学校（Fahan School）网站，你便知晓这是一所私立的国际化女子学校。因是私立学校，所以学校非常重视招生工作，故将"招生录取"栏目设置在网页显著位置，还在首页设计有滚动播放的亚裔面孔学生与当地学生在一起学习的照片，以吸引更多国外学生报考该校。正因为是私立学校，所以该校非常强调学校考试成绩，因此，在首页设置了该校学生在大型考试中的成绩排名栏目，让更多希望报考该校地学生及家长了解该校所取得的不俗成绩。

这所学校网站设计还有另一特点，就是在首页设置了"校长博客"栏目，打开栏目一看，里面尽是该校现任校长带领该校师生赴英国、美国等国家名校进行访问后所写的所闻所感，笔者相信会有不少学生、家长等对该校长的博客感兴趣。其实，校长博客也是校长与他人分享其办学理念、办学思想的一个重要载体。

美国中学网站也有其自身特色。掀开纽约市布朗克斯科学高中（The Bronx High School of Science）的网站，首先映入眼帘的是网页左上角凸显出的校徽。其次，该校在介绍学校时将学校的办学理念渗透其中，网页上是这样介绍的——布朗克斯科学高中，不仅仅是一个求学之地，而且是一个"乐园"，一个不断生长的大家庭"乐园"，这个大家庭拥有一个共同的目标：提升自我和提升社会。在该网页显著位置，你还会发现"探究"、"发现"、"创造"这六个大字，笔者揣摩可能是学校的培养目标或学校使命之类。通过浏览该校网站首页，该校的办学宗旨、理念、特色等就会让你铭刻在心。

事实上，该校是纽约市一所非常著名的中学，历史非常悠久，规模较大，在数学和科学方面知名度很高，在人类学和社会科学等方面也成绩斐然。该校网站首页还设计有"体育运动"这一栏目，这说明美国学校非常重视学校体育活动，其子栏目里就是有关该校各种学生运动队活动的相关内容链接。更有趣味的是，该校网站还设计了可用包括汉语在内的10多种语言对该校网站进行访问浏览。

光顾纽约市史蒂文森高中（Stevenson High School）的网站，你会惊奇地发现该校网站设计有"志愿者"这样的栏目，看来这所学校不仅只注重学生的学业成绩，还非常注重学生对公益事业的热爱，社会责任感的培养，给那些乐于奉献社会的学生提供了活动的舞台。

在纽约市公立学校排名第一的史蒂文森高中，位于纽约市曼哈顿岛西侧，哈德逊河旁边，因为教育质量高，考生竞争激烈，素有"小哈佛"的美称。每年有大约有来自纽约五个区的近3万名学生参加考试，竞争不超过 800 个录取名额，升学率大约 3%，比考入哈佛大学还难。

加拿大安大略省大多伦多地区约克学区雷蒙岭高中（Richmond Hill High School）的网站首页右上角除显现该校校名外，还将校长、副校长、校监、校董会理事长全名"镌刻"在显眼位置，笔者臆断这也许与我国众多中小学网站上所设计的"学校领导"栏目设置的意图有所不同，它不是为了无限放大学校领导的形象，更多的是为了让学生、家长和社会监督学校行政负责人，有一点"挂牌"服务的味道。

该校网站首页相对栏目设置较少，给笔者留下深刻印象的要数"学校成绩报告"这一栏目，打开该链接，发现里面转发的尽是近期安大略省"教育质量与问责办公室"（EQAO）所发布的关于该校参加州统测学生成绩各项指标分布，长达 42 页，这正好与加拿大近年来狠抓中小学教育质量同步。加拿大学校将学校成绩公布于学校网站，旨在让学生家长及社区全面了解学校办学质量，以帮助与督促学校不断提升教育质量。

按照惯例，日本大学附中校长均为该大学教授兼任，附中为大学教育学院教育研究实践重要基地。2012 年笔者曾考察过的新泻大学附中网站设计别具特色，因为是大学附中的缘故，所以该校网站将"学校研究课题"设置为学校首页，里面内容包含学科教师研究课题详尽介绍，这所学校告诉人们这是一所研究型中学。

日本学校网站还有两个带共性的栏目，一是体育部活动，因为日本中小学生喜好体育运动，每天下午放学后由学生自行组织的各种体育活动小组开展活动，所以都以学生的兴趣爱好设置该栏目；另一特点是将学校年度行事历放在学校首页，以方便师生、家长、社会了解学校运作与日程安排，这点非常符合日本文化中的做什么事情都按计划行事的特点。

04. 英国：教师薪酬分配，学校说了算

2012 年，时任英国教育大臣迈克尔·戈夫向英国学校教师评定机构提

出改革现行教师薪酬制度。

英国学校教师评定机构是一个从事教师薪酬制度改革建议的独立机构。英国政府大力推行教师薪酬制度改革，旨在促进提升教师与教学质量。

根据英国新的教师薪酬制度改革框架，将大力奖励那些在职高效能教师；高薪吸引那些优秀大学毕业生加盟教师行列；为满足学生学习需求，最大限度赋予学校自主支配经费权；大力奖励与保障最好的教师在最具挑战性的学校工作。

据悉，新的国家教师工资框架主要包括：停止以工龄为基础的加薪——现在全职教师的薪资每年会自动增长固定百分点；将教师的薪资增长与其绩效挂钩，绩效计算以年度考核的结果为基准；废除原来强制性的在职教师薪资标准，在决定教师薪资一事上赋予学校更大的自主权；继续保持伦敦及其周边地区的高薪酬级别。

关注教师与学生成就关系的萨顿信托公司之前发布的调查报告指出，提升教学质量是提升学校水平的重要一环。在 GCSE（普通中等教育证书）考试中，接受优质教师指导的学生，要比教学水平较差教师教出的学生每一科成绩高出 0.5 个绩点。而英国现行的教师工资系统采用自动薪酬增长机制，这意味着在现有体系中，教师表现和奖励之间并未建立良好的联系。

2012 年，受政府大臣所托，学校教师监察组织调查了大量利益相关者，考察了教学质量与提升学校业绩的关系，以及如何吸引并留下优秀教师等问题。该研究最后得出了调整教师工作系统的建议，特别指出应给予学校更多决定教师工资金额的自由。STRB 主席帕特里夏·霍奇森表示："我们的建议能帮助学校吸引、留住并奖励最优秀的教师。它能在公平的国家薪资框架下，给校长更大自由，并根据学生需求以及地方经济状况等决定教师薪酬。"

迈克尔·戈夫指出："这些建议不仅能使教师这个职业变得更有吸引力，并成为一个高回报的职业，而且能使学校根据具体情况，更灵活地奖励最优秀的教师，帮助他们吸引并留住最好的教师。"

据英国《卫报》网站报道，2013 年，英国教育部公布了最新中小学教师人数与薪酬情况调查报告结果，结果显示，公立学校全职助教人数上升6%；教师职位空缺率为 0.1%；顶尖教师年薪已逾 10 万英镑。

据调查，英国公立中小学聘任全职助教人数略显回升趋势，现在每两名全职教师就配备一名全职助教。这里所指的公立中小学，既包括"学院式"学校，也包含政府直接拨款公立学校。截至 2012 年 11 月，全职助教人数已增加至 232000 人。全职教师人数 2012 年为 442000 名，而 2011 年为 438000 人，增加的人数不到 1%。英国私立学校聘任全职助教的情况与公立学校截然不同，据今年早些时候英国私立学校委员会的一项相关调查，私立学校聘任全职教师人数为 54000 名，聘任全职助教 7000 名，全职教师与全职助教之比接近 8∶1，与公立学校的全职教师与全职助教 2∶1 的比例形成了鲜明的对比。

调查发现一个有趣的现象，由公共财政支出所举办的公立学校所聘任的全职助教绝大多数是女性，比例高达 92%，而全职教师中的女性比例仅为 73%。

就全职助教的收入而言，目前英国没有统一的助教国家工资标准，全由各地教育局或"学院式"学校自行制定。但调查结果表明，全职助教年收入从 13000 英镑到 21000 英镑不等，大约是全职教师年薪的一半。

调查还发现，获取年薪 10 万英镑或超过 10 万英镑的顶尖教师人数在增长，总计有 808 名管理职位的教师去年收入至少 10 万英镑，其中 203 人超过 11 万英镑，是这个职位平均数 55700 英镑的两倍。

英国教育部官员说，另外还有 101 名小学和特殊学校顶尖教师年薪超过了 10 万英镑。

薪酬调查数据还表明，英国政府直接拨款中学教师平均年薪为 36100英镑，比"学院式"学校的同行高出 900 英镑；各地教育当局公立小学教师年薪平均为 32200 英镑，要比在"学院式"学校工作的教师高出 1100英镑。

05. 从"民间"招聘校长

没有中小学校长来源的多元化，哪来的中小学特色学校。有研究表明，校长的"出身"与经历对于领导与管理学校影响至深。校长队伍的好坏与遴选的范围与渠道密切相关。如果我国能突破现有的遴选校长的条条框框，聘用或任用来自"民间"（教育行业以外）的校长，势必会激活改革中小学校长任用制度的一池春水，给中小学管理带来一股清新空气，也将打破因校长背景同质化所带来的"千校一面"的局面。

笔者提出为何不能从"民间"招聘校长，并非空穴来风。近年来，英、日等国在遴选与聘用中小学校长方面做出了大胆的尝试，给我们以启示与借鉴。素有英国教育界"铁娘子"之称的英国教育标准局（Ofsted）最高负责人克里斯汀·吉尔伯特来华曾接受了《广州日报》专访。她认为，缺乏有效的领导和管理是中小学教学长期停留在低水平的主要原因之一。她说："我们应该尝试从工商界招募校长。确实，如果一个人有教学经验，当然可能上手快，但我认为中小学校可以从教育界之外的管理经验中受益，特别是那些有丰富管理经验的人，他们可以做学校的校长或顾问。高质量的领导层能保证学校的教育给所有的学生打下一个坚实的基础。" 吉尔伯特大胆提出要从教育界之外招聘校长，其实与她32岁就当了高中校长这一经历休戚相关。

事实上，英国非常重视把好校长入门关，专门制定有《国家校长专业资格》。但同时为了让具有不同经历和能力的人士加入校长行列，为使选聘校长时有比较充足的具有不同背景的遴选对象，英国也在尝试广纳社会贤才，让有志之士进入中小学管理层。

据英国教育部网站报道，为全面提升校长办学水平，2013年，英国教育部组织相关人员对现行中小学校长标准进行修订，这是英国校长标准近十年来首次被修订。英国教育部宣布，新修订的中小学校长标准将全面反映学校制度中日益增长的多样性特点。

据悉，英国许多教育监管机构目前使用的校长标准是2004年通过的版本，这一版本的标准用来录用校长和评估其工作绩效已近十载。

校长标准修订工作由少部分颇受尊敬的专业人士组成，其中包括校长、学校中层干部和教育行政长官。此次修订考虑到了学校领导性质的变化等诸多因素。

此次修订由奥特林厄姆女子文法学校的执行校长兼布莱特未来教育信托公司的首席执行官达纳·罗斯—沃尔泽斯琪女士主持。

英国教育次长大卫·劳斯说："我们知晓学校领导力与教学质量和学生的成绩休戚相关。现在距上次修订校长标准已有 10 年。当前是我们建立新的标准的时候了，在建立新的标准时将考虑不同类型学校中校长的情况。"

达纳·罗斯—沃尔泽斯琪女士表示："我很高兴成为修订校长标准专家中的一员，此次修订将给校长们带来制定自己职业标准真正的机遇，修订本身也是教育系统内部进行自我调节的最重要的步骤之一。"

据报道，英国校长标准修订将广泛借鉴国际上最佳实践经验，也将全面征求专家意见和寻觅相关证据，并让教师和校长广泛参与。此次修订意在建立一套新的校长标准，力求要达到以下五个方面的目标：第一，目标明确，清晰易懂；第二，可以用来评估校长的表现与绩效；第三，能引导在任和未来校长专业发展；第四，能激发校长办学的信心；第五，能聚焦优质学校和领导系统中的关键要素。

日本文部省自 2000 年开始提出放宽中小学校长遴选资格，尝试从教育系统外引进管理人才。按照相关规定，对那些不具备教师资格，没有学校管理经验，但具备其他行业管理经验且有一技之长的能人可录用为中小学校长。据文部省统计，截至 2011 年，全日本从"民间"录用的在职校长已达 125 人、副校长、教导主任共 53 人。东京都教委为打造特色学校，从 2000 年至今已启用 10 名"民间"人士校长。

我国《国家中长期教育改革和发展规划纲要》提出要多元化办学，特色办学，要满足不同学生的需求，笔者认为，改进与完善中小学校长任用制度是关键，其中中小学校长遴选机制创新是前提。诚然，我国《教育法》和《全国中小学校长任职条件和岗位要求》对中小学校长的遴选与任用分别进行了原则性与具体的规定，注重校长专业化和职业化，其实与适应时代发展的需要，探索多渠道遴选校长的途径是不矛盾的。

随着我国基础教育改革进入"深水区"与攻坚期，落实与扩大学校办学自主权再次被提到重要议事日程。办学自主权其实就是一种类似于企业的经营权，即运营学校。在当下转型时期，为应对来自于学校内外所带来的挑战，学校呼唤拥有不同背景与经历且具备丰富的领导与经营管理能力的"民间"人士校长的加盟。这样的"民间"人士校长与由教师中的"首席教师"成长起来的校长共同引领学校改革与发展，可发挥他们各自的优势并形成互补。一般来说，按照我国现行遴选与任用校长的制度与机制所产生的校长，他们更擅长于教学，但疏于管理与经营，相对来说，视野还不够开阔。来自"民间"的校长，他们有其独特的优势，一般能用跳出教育圈子的眼光来看待教育，相对而言，经营与管理能力较强。如果能充分发挥来自体制内与"民间"校长的"杂交"优势，对提升中小学校领导与管理能力，岂不是善莫大焉。

改革中小学校长遴选与任用机制，重在创新，贵在突破。为此，我们要有大胆改革的创新精神与摸着石头过河的胆识与勇气，要打破常规，突破思维惯性。要敢于越雷池半步，突破我国现行校长任职条件的藩篱，开辟另一块遴选中小学校长的处女地。我们不必死守那"三分自留地"，要在更加广阔的人才富矿中去掘金，去不拘一格降人才，去尝试让那些"外行"来领导内行。

我们吁请教育行政管理部门、学校及社会，张开臂膀欢迎具有教育以外不同背景、热心中小学教育管理的人才加入中小学校管理层行列。我们期盼我国能借鉴国外的实践经验，结合我国实际，大胆进行从"民间"招募中小学校长的探索试点，进而推而广之到进入公开招募形成常态。

06. 美国：向不达标的特许学校"动刀"

据《纽约时报》网站报道，2012 年，美国纽约市首次因一特许学校教学质量平平而将其关闭，此举在美国教育界引起了轩然大波。

被宣告关闭的这所学校地处纽约市皇后区，是一所具有 7 年办学历史的小学，校名为"半岛预备特许学校"。纽约市主管特许学校的教育官员表示，无论从哪个角度讲，宣告特许学校关闭意义都非同寻常。

自 2004 年以来，纽约市仅关闭了 142 所特许学校中的极少数学校。然而，随着愈来愈多的特许学校日臻完善与成熟，并逐渐达到纽约市政府规定的 5 年振兴目标，纽约市教育局对表现平庸的特许学校越来越没有耐心。随着半岛预备特许学校因所递交的 4 个进步报告中每一项都被评为"C"等而关闭，纽约市教育局局长丹尼斯·沃尔科特表示，纽约市现有的 136 所特许学校必须保持更高的办学水准，否则也将面临被关闭的厄运。

"我认为包括教育局长在内的很多人都是特许学校的忠实支持者，对他们来说，很难割舍对特许学校的感情。"纽约市特许学校管理办公室前主任迈克尔·达菲说。但感情终究代替不了工作，他依然记得在 2010 年游说他的上司关闭了位于布鲁克林区的一所从事特殊教育的特许学校。

主管特许学校办公室的纽约市教育局副局长马克·斯腾伯格表示，纽约市监管特许学校的路径从未改变。

"我们一直致力于开办新的、优质的、能给学生提供高质量教育的特许学校。"他在一次讲话中说，"在 2009 年，半岛预备特许学校接到了要在短期内进行整改的通知。通知强调，如果他们不能达到特许学校所要求的标准，就会失去继续办学的机会。当然，如果他们未能达到标准，我们就不得不向他们问责"。

事实上，特许学校的拥护者和教育当局都相信，关闭半岛预备特许学校表明在向那些办学质量不能优于或稍稍优于传统公立学校的特许学校发出一种警告信号，敦促它们力争成为所有学校的典范。

迄今，自 1999 年授权开办特许学校以来，纽约市关闭特许学校的比例大约是 4%，这个比例远远低于全美的平均水平。2011 年 12 月美国教育改革中心发布的统计报告称，自 1992 年以来，全美关闭特许学校的比例达到 15%。

按照纽约市特许学校的评价标准，半岛预备特许学校虽然不是最好的学校，但也不是最糟糕的学校。2011 年，46% 的半岛预备特许学校学生通过了纽约州英语统考，学生成绩优于其他 47 所特许学校。在州统考的数学考试中，60% 的学生考试成绩达到了精通水平。究其被关闭的原因，在于过去的 4 年中，该校的年度进步报告每项都被评价为"C"等。按照纽约市特许学校评价标准的定义，该校应处于办学质量的中游。

艾丽卡·娃娜女士自 2009 年起担任该校校长，她表示学校一直在提升，只不过是提升的速度缓慢了点。"2009 年，我们还属'薄弱'学校时，其他学校被评为'A'和'B'等。当这些学校提高了水平，而我们还只能维持'C'等的水准。为了达到评价的标准，我们学生的分数还得提升。我深深地感受到，我们学校正被用来作为对其他特许学校的一个警醒，正作为一个靶子来提醒其他特许学校。"娃娜女士说。

其实，纽约市关闭特许学校源于过去这些学校表现一般，而且学生的考试成绩实在难堪。其他情况是，学校被关闭是因为受到办学经费紧缺的困扰或管理上的决定所致。去年，纽约市成功地关闭了一所名为"罗斯全球学校"的特许学校。当纽约市宣布关闭该校的计划时，该校仅有 26% 和 33% 的学生分别通过了纽约州英语测试和数学测试。

纽约市特许学校中心执行官詹姆斯·梅里曼表示，多种因素的融合有可能导致纽约市提高特许学校的评估标准。在倾听了对州统测分数有膨胀之嫌的多年抱怨之后，纽约州教育官员在 2010 年提高了数学和英语的统考难度，致使全纽约市学生分数陡降，那些原本想在面子上挺过去的学校都深感沮丧。

另一个事实就是，随着越来越多的特许学校达到纽约市规定的 5 年振兴目标，纽约市教育局开始根据特许学校所递交的进步报告对它们一一进行评估，而这种报告评估制度始于 2008 年。对于被关闭的半岛预备特许学校而言，因为该校未能达到其承诺的 9 个标准中的 5 个标准，所以被关闭。据纽约市特许学校进步报告评价标准，5 个标准中至少一个要达到"B"等，否则将面临被关闭的危险。

美国特许学校的倡导者说，美国各级教育部门已经承担起了接受社会批评的责任。这些批评意见集中在，教育部门对特许学校和社区传统学校采取了完全不同的对待方式，即对特许学校太过于呵护，而对传统公立学校太过于严厉。自 2002 年以来，纽约市已关闭了 117 所社区学校，这个数目远远高于被关闭的特许学校。当然，被关闭的社区学校大多都办学质量平平。

"关闭特许学校基于'特许'这一理念——只要有需要应随时关闭。"美国一家教育机构的经营主任达菲说，"如果某社区关闭办学质量不高的传统公立学校，而不关闭同样办学质量不高的特许学校，那是不可理解的。"另一方面，他表示，特许学校的批评者和教师工会已经在敦促纽约市关闭那些平庸的特许学校，而暗中保护那些办学质量很差的社区公立学校。

达菲说，在纽约市市长迈克尔·布隆博格任期的早些年，纽约市把主要精力放在了开办更多的特许学校上。在 2010 年以后，开办特许学校在立法上发生了很大变化，但纽约市仍然致力于开办新的特许学校，如布隆博格允诺每年新开办 25 所。特许学校的倡导者指出，纽约市特许学校办公室拥有足够的管理人员和资源来督导和监管已经开办的特许学校。

美国现有特许学校 5000 余所，奥巴马政府希望每年能增加 400 所。底特律市计划未来几年将约 1/3 的公立学校交给特许学校管理者或其他教育管理机构。但根据美国《教育周刊》，美国特许学校正走向异化。华盛顿大学研究人员经过 4 年研究和通过对 24 所特许学校进行数据分析，并在 6 个州对校长作了两次问卷调查后得出结论：现在的特许学校无一例外在组织架构、课程设置、教学实践等方面与公立学校惊人地相似。研究还发现，要求特许学校做到与公立学校不同，对他们来说是一大挑战。

此外，据美国《教育周刊》，美国特许学校校长正在流失。调查表明，71% 的特许学校校长打算在近 5 年内离开特许学校。

07. 美国：对办学效益低下的公立学校"动武"

据《纽约时报》网站报道，2013 年，与许多公立学校一样，美国费城大学城高中（UCHS）因办学经费吃紧、教学设施设备利用率低下和学生学业表现不佳，即将面临被政府关闭的厄运。

新官上任三把火。2012 年 10 月份到任的新学监威廉姆·海特表示，关闭那些办学效益低下的学校将使整个学区面临的棘手问题得以解决。

2012 年，费城大学城高中近 80% 的十一年级学生阅读统测成绩低于宾夕法尼亚州平均水平，同时 85% 的学生数学考试未及格。同年，该校只有 1/4 的学生参加了入读大学前的学术能力评估测试（SAT）。

也许主要是因为特许学校的魅力抢走了生源，导致该校学生现在仅 1/4 满员。学校本可容纳 2200 名学生，结果只有不到 600 名学生在校就读。该校急需完善基本的教育教学基础设施与教学设备，包括供电和供暖系统，估计需花费近 3 千万美元。

当前，大学城高中所在的学区面临财政吃紧的困难，为此，政府提出将该学区的学校实行关停并转，动作之大涉及的学校之多，是史无前例的。截止到 6 月份，政府将关闭 37 个校园，粗略为 1/6 的公立学校，其中包括大学城高中。学区负责人表示，如果这个"狂砍"学校的动议被批准，此举旨在帮助学校提升学生学业水准。同时政府也将把投到用于维护与改善学校基础教育设施的部分资金转移到雇佣更好的教师和改进教室的设备。

在 2012 年州教育财政预算削减 4 亿 1 千 9 百万美元之后，大学城高中所在的 237 学区下一个五年累积预算赤字将达 11 亿美元，这个结果是联邦财政刺激计划结束和退休金成本上升后衍生出来的"复合体"。

即使是借债 3 亿美元来支付这一年的账单，学区还面临 2 亿 7 千 6 百万美元的赤字，有关官员说这个数字在来年还会直线上升。

使问题变得更糟糕的还有如何来维护与修缮这些压根儿就没好好利用的这些校舍。其中，在 195000 个学生"座位"中，53000 个"座位"是空置的。

针对此情况，学监威廉姆·海特辩解说，解决问题的办法就是关闭学校，卖掉校舍，把学生安置到其他学校。这样，一些初中将变成小学，如此类推。很多学生将搬迁到不同的学校，有的可能是被安置在不同的邻近地区的学校。

因学校关闭、课程改变和新的年级组合将使总计逾 17000 名学生和 1100 名教师受到牵连。哪些学校将要被关闭？政府主要从以下几个方面进行考评：现有的教学设施条件与使用率、学生学业表现和学生平均经费。

关闭学校的提议于 2012 年 12 月 13 日宣布，此决定是两年来多方博弈的结果，海特博士警告说，如果不关闭学校，学区财政将恶化到危险的"冰点"境地。

2012 年 12 月 19 日，在邻近杰曼镇的马丁·路德·金高中，在一个约有 450 名家长、学生和教师共同参加的很嘈杂的会上，教育官员们在推销他们关闭学校的计划。"我们在冒险谈论关于学区财政再也不能正常运转这一话题。"海特博士在会上发言说。

"虽然这个学区能够借到足够的资金用于今年，但已达到了其借款信用的极限，"海特博士说，"我们已无能为力再借到能够继续运转的资金了。"

美国城市公立学校组织机构"大城市学校协会"执行主任麦克尔·卡瑟利表示，因来自特许学校的竞争挑战，导致公立学校录取学生人数下降。其他大城市，包括芝加哥、底特律和华盛顿，也都在考虑关闭部分学校。

"在学生人均就读率较低的美国大城市中，费城是受州教育财政预算削减打击最大的城市，"卡瑟利说，"州历史上削减教育经费最多，将给学区教育带来腐蚀性的影响。"

"砍掉"部分学校的提议激怒了教师、学生和家长。关闭学校的方案计划于 3 月份由监督学区的州组织机构"学校改革委员会"进行投票表决。他们辩论说，孩子们，尤其是小学阶段的孩子们，不应被强迫在邻近他们住所以外的学校上学；学业提升将被迫中断；学生在新的学校就读将成为"牺牲品"。

大学城高中校长蒂莫西·斯图兹得知该校将被关闭的消息感到震惊和怀疑。自 2009 年担任该校校长以来，他一直在致力于提升学生的学业成绩。他现在纳闷的是学校即将面临关闭，他所付出的努力将前功尽弃。

在回应学区将关闭该校的决定时，斯图兹说："我有些情绪，有些挫败感。"

其实，在他的领导下，该校学生参加州统测，其阅读成绩达到州"熟练"和"优异"标准的学生人数从 2010 年的 6.7% 提高到了去年的 22.4%，数学达到"熟练"标准的人数从 2010 年的 3.6% 提升到了去年的 14.4%。

"在很多方面，这所学校过去是费城最差的，"斯图兹说，"现在完全不是那种样子了。"

对于一些学生来说，从刚开始对于学校被关闭感到恼怒变成了现在对此举的理解。他们认为，关闭学校反映出的是他们学校校舍破烂和教学设施的落后，而不是学业水平欠佳。学生们表示，即使他们将分散在其他地方不同的学校，他们也会凝聚精神，保持学区团结一心。

"感情终究要回归理智，"正在帮助大学城高中其他同学寻觅其他学校的 18 岁高中生马修·吉莉安说，"它将使你明白为什么会有事情不得不发生。"

ＯＳ. 英国：要求学校向家长提供办学信息

据英国教育部网站报道，英国教育部正在启动一项计划，此项计划要求学校向学生家长提供易于理解的关键信息。英国教育部负责人表示，此举意在让学生家长能够"全图景式"清晰地了解小孩就读学校在一系列关键办学措施方面的表现，以促进学校更负责任地办学。

据报道，英国教育部要求各中小学通过统一的方式，将学校基本信息发布在学校网站首页。这意味着家长将能够获得一个清晰的有关孩子就读学校办学绩效的信息；这也便于让家长对其孩子今后将就读的更高一级学校的办学成绩进行比较分析；这还将有助于家长明智地为孩子选择未来要上哪所学院。

据悉，英国教育部目前出台的指南已经要求学校发布关键信息。然而，由于学校之间的差异，何时何地以及如何发布这些信息，且能够让家长不需费事就能轻而易举地得到他们希望了解的学校信息，这还有许多工作要做。

英国教育部次长戴维·罗斯说，这是一个明智之举，让家长清晰地了解自己孩子所在的学校在干什么，也可"窥视"到孩子就读的临近学校在如何经营学校。将要发布在网上的每所学校的信息，将为家长替孩子选择最好的学校提供有力支撑。要求学校为家长提供学校信息，也是重新赋予了家长参与学校管理的权力，使得学生家长能分辨哪些是优质学校，或质问学校，为什么他们孩子就读的学校办学绩效低下。

据了解，发布学校关键信息的网上系统每年将自动更新，确保能反映学校最新办学绩效相关统计数据。据悉，英国教育部所发布的上述咨询计划，从 2016 年起实施。

第三辑

寻变：『打磨』师资

教育寻变，"强师"是活水源头。自跨入 21 世纪以来，东西方教育发达国家都把锻造一流师资队伍提上教育改革的重要议事日程，但所推出的教育新政，均脱离不了"胡萝卜加大棒"的教师政策。既要把好教师这一职业的准入关，还要推出各种举措促进教师专业化发展，让不合格的教师提前"下课"。同时，还要尽力保护教师合法权益，确保教师申诉的渠道畅通。

"打磨"师资，首要的就是要提升教师质量。美、英、日、新加坡、芬兰等国提升教师质量各有其招，尤其是日本近年来推出的教师培养、录用、研修一体化的举措，值得我们关注与借鉴。

美国在提升教师质量方面，一方面力推新的教师评价制度，另一方面大胆进行教师绩效工资改革，还试图打破教师资格终身制，这些改革的方略将引发我们对其关切与思考。

01. 提升教师质量全球进行时

近些年来，全球几乎所有国家都在力争改善与提升教育质量。正如经济与合作发展组织 (OECD) 所言，一些教育发达国家为培养全球知识经济时代所需要的复合人才，他们把着力点与突破口放在了建设高素质教师队伍上。在 2010 年 3 月由美国教育部发起的国际教育峰会上，与会各国教育领导人集体呼吁世界各国要努力提高教师地位，使教师成为最诱人的职业，要采取多种有效的途径加强教师专业化发展。为响应此峰会的集体倡议，美、日、英、新、芬等国着眼未来，立足本国实际，在提升教师质量上继承与创新相结合，取得了阶段性的成果。

英国教师开展促进自身专业化发展的研修活动

教育发达国家深谙：当下，高质量教师大军的打造再也不是传统意义上的尊师重教的结果；相反，它需要的是一个国家深思熟虑的教师政策选择与制度安排。

2010年3月，美国教育部向社会公布了《美国教育改革蓝图：重新授权初等和中等教育法案》文本，美国总统奥巴马在其扉页上撰文指出，今天在教育上胜过我们的国家明天将超越我们。我们的目标就是要达到每间教室都有一位高效的教师，每所学校都要有一位高效的校长。当学生走进教室的那一刻起，决定他们是否成功的因素不是他们的肤色和家庭收入，而是站在教室前面的教师。为了保障孩子们的成功，我们要比以往做得更好来录用、发展、支持、挽留和奖励美国教室里的杰出教师。美国政府将拨付资金给各州和学区，主要用于教师专业发展，以此来提高教师教学和学校领导工作的成效。

2010 年 6 月 3 日，日本中央教育审议会对“提升教职员资质与能力特别部会”提交的有关《提升教职员资质与能力综合改革方向的说明》进行了咨询，于 2011 年 3 月公布了咨询审议结果报告。该报告主要审议了有关最新教师教育改革政策与制度安排等，主要内容包括：教师资格证制度与研修一体化制度、提高教师准入门槛、社会人才的录用、专业发展研修内容与方法更新与创新等。最大的变化在于，拟将教师资格证制度细分为三种，即：基础资格证、一般资格证和专门资格证。大学主要培养基础教师资格证的教师，大学研究生院主要培养一般教师资格证的教师；大学教职院主要培养专门教师资格证教师。校长、副校长、教导主任和教师中的德育指导骨干教师通过参加大学教职院的研修、讲习课程学习，考核合格才能取得专门教师资格证。

自 2000 年以来，芬兰在国际学生评价项目（PISA）中一直处于前列。调查与研究表明，芬兰教育优于其他国家的首要因素就是优秀的教师队伍。教师职业是高中毕业生首选的期望职业，教师教育课程的入学竞争倍率达到 10 倍。之所以能吸引到最有才能的年轻人乐于从教，关键在于在芬兰，教师被认为是一门独立和颇受尊敬的职业。

芬兰以较高的入职门槛保证教师的基本资质，其义务教育阶段学校教师必须要达到硕士学历，而且需要具有强烈的把教职视为专业的使命感。在芬兰，当教师需要经过竞争非常激烈的选拔程序，经过两轮严格的选拔后，只有大约 10% 的申请者进入教师职前教育。成功的教师候选者不仅需要具备优异的学业成绩和良好的人际交流技能，同时需要对教职以及在学校工作有一种从一而终的虔诚。那些希望想成为学校领导的教师，在他们接受校长培训之前，首先必须是优秀的教师。

自英国政府采取系列措施吸引优秀人才从教后，教师行业从青年人的职业选择意向的第 92 位上升到现在的最受喜欢的职业前列。在英国政府公布的一份咨询文件中，时任英国教育大臣戈夫（Michael Gove）说，这项改革将使英国向芬兰和韩国这样的国家看齐，师资来源于大学毕业生中最好的 10%。英政府明确表示，教师专业一定要保证在研究生学历的基础上，教师候选人必须取得教育类研究生学历。英国《每日电讯报》称，英政府计划向一等成绩毕业的大学生每人提供两万英镑的奖学金培训他们当教师，这项改革的目的是为了提高教师职业的声望。

新加坡遴选参与教师课程学习者也非常严格，只有前 1/3 的学生才有机会入选参与教职课程的学习。候选学生不仅需要具备深厚的文化基础知识，同时还需要拥有服务于多元化需求学生的奉献精神，即对教职这门专业有一种敬畏。参与教职课程学习者，在参加培训过程中可拿到相当于正式教师薪水 60% 的津贴，培训终了要承诺至少教学三年。新加坡同时也录用来自其他行业处于职业生涯中期的求职者，因为他们相信这些人士在各行各业的经历对学生来讲是弥足珍贵的。

美国调查显示，在教育改革的方向与着力点上，美国人希望把重心放在提升教师地位与质量上。在 2011 年美国教师协会年会的一次讲话中，奥巴马总统称赞韩国以把教师誉为"国家的建设者"著称。他说："在美国，我们早就应该让教育我们孩子的老师受到像韩国老师那样的尊敬。"

国际比较教育研究表明，为吸引高素质的大学毕业生从教，教师起薪必须要可以和从事其他行业者的起薪比较有竞争力。以小学教师为例，经济合作与发展组织最新调查表明，小学教师起薪占该国 GDP 比例最高的国家是韩国 1.28% 和德国 1.27%，教龄 15 年的小学教师薪水占该国 GDP 比例最高的国家是韩国 2.21% 和新加坡 1.97%。芬兰教龄较长教师的薪水远远高过刚参加工作的教师，其意图在于一方面是为了稳住现有经验丰富的中老年教师，另一方面是为了让年轻教师看到未来的"钱途"，觉得教师行业有奔头。

教育发达国家不断创新教师职前教育模式，走出了传统教师职前教育的窠臼。在其他国家，这样的批评声不绝于耳，教师职前教育太理论化，综合性大学没有承担起培养未来高质量教师的责任，教育大学没能跟上应对全球经济急剧变化的步伐，没能为未来教师从教打下坚实的基础。然而，像芬兰等国，在教师职前教育方面做到了与时俱进，传统的好的职前教育模式得以继承，但更多的是在已有的框架下做出了一些调整，把培养未来教师的"临床"实践能力放在了首位。

新加坡教师职前教育实施能力培养问责制，政府坚持要求教师职前教育机构对培养教师的能力要担当起责任，因为在新加坡政府看来，教师职前教育的质量是直接与国家教师标准相关联的。

2009 年，新加坡国家教育学院发表了《新加坡二十一世纪教师职前教育模式的中心主题》，即 21 世纪的学习者呼唤 21 世纪的教师不仅需要自身拥有 21 世纪所需的文化知识，而且要能创造促进学生技能发展的学习环境。近来经济与合作发展组织在新加坡学校所做的研究表明，《新加坡 21世纪教师职前教育模式的中心主题》所倡导的教师职前教育模式都在世界其他国家教师职前教育改革中能找到影子。

芬兰教师非常重视自身专业发展，他们认为，教师是一个需要不断积累经验的职业，当一个教师被录用到某所学校，一般而言，他就会在这所学校工作一辈子，因为这样他才可以把大学里学到的知识与技能完全发挥运用到教学中。为充分保证教师专业发展时间，芬兰教师年均工作时间相对其他国家略少，经济合作与发展组织 2009 年在 30 个国家所做的调查显示，小学教师年均教学 798 小时，中学 653 小时，而芬兰中学在 600 小时以下。

新加坡教师每年获准有 100 小时用来专业发展。由于新加坡学校推行"少教，多学"的教学策略，这样就给教师腾出了时间开展专业发展活动，同时策划和组织学生开展校外活动。研究表明，亚洲国家教师花在课堂上课时间相对少一些，更多的时间用在集体合作诊断教学中的问题和设计教学方案。

日本自 2008 年创设大学教职院以来，截至 2010 年共有 25 所大学对中小学教师进行了教育实践能力与应用能力方面的专业发展培训。此外，各级教育委员会和学校联手从课堂教学到学校现场实践课题，对一线教师进行理论与实践相结合的专业发展指导。

教育发达国家已经形成了一整套教师考评、问责以及雇佣的工作制度。他们的问责不仅仅是与学生成绩挂钩，而是范围很广的学校目标提升、专业贡献和学生整体表现等。在新加坡，教师的工作表现每年都要受到专业人士用多种方法进行评价与鉴定，包括课堂教学与效果，与学生家长及社区人士的合作，以及对同僚及学校的整体贡献等。

在美国，自奥巴马执政以来，打出了"力争到顶点"（Race to the Top）的教育改革旗号，对教师实行更加严格的绩效问责考评制度，主要以教师的教学绩效来决定教师的留任与否。以纽约市为例，在时任市长彭博的推动下，纽约市对公立学校的教师任期要求越来越严格。纽约市政府于 2011 年 7 月 28 日公布了教师任期新政。近一半的教师在严格的测评中未能通过，唯有等待来年再次考核或转行离开教育岗位。这意味着纽约教师的"铁饭碗"将被打破，保障纽约教师的自动终身制已彻底成为历史。

自 2010 年开始，纽约市教育局推出新政，要求教师在任职三年后进行包括教学能力、学生成绩和学校贡献三方面的综合测评，根据相关规定，只有连续两年获得"有效"或"高效"等级的教师方能获得任期保障。

纽约市政府宣布的实施新政后第一学年的成果如下：这一学年在 5209 名教师中，只有 58% 的教师获得了任期许可；39% 和 3% 的教师分别遭到任期延期决定和否决。相比 2007 年，大多数教师自动获得任期保障，只有最差的 3% 不予通过。纽约市此举是希望通过优胜劣汰来提高教师的质量来促进更高质量的教学。

美国迫于在国际学生评价项目中整体排名殿后，科学排名第 21 位，数学排名第 25 位，美国总统奥巴马指示，拟在近两年辞掉一批不合格教师之后，重新录用数学、科学学科教师 10000 名，以补充和优化现有师资队伍。

世界范围内，没有教师评价的国家并不多见，芬兰是其中之一。芬兰只有学校评价，没有教师考评。芬兰政府认为"教师是知识分子、教育的专家"，所以"检查个人能力、进行等第划分，对作为独立的职业人的教师是不合适的"。而芬兰的学校评价（通过 5%—10% 样本进行）是为了寻找学校教育教学的问题，支持教师专业发展，提高低水平学校教育教学水平。

改善教育的唯一途径，显而易见，在所有先进的教育制度国家中，就是尊重、回报和支持教师认真履行他们的教职。教育真正的质量有赖于教学的质量和学校文化自身。倘若我们没有了教师，那我们就没有了教育。美国教育学教授、教育与创造力专家肯·鲁滨逊如是说。

⑪2. 日本：培养·录用·进修一体化

近 20 年来，日本政府不断推出以提高教师素质能力为核心的教师教育新政。2015 年 12 月 21 日，日本文部科学省发表了日本中央教育审议会（以下简称"中教审"）所作的《作为学校教育担当者教师的资质能力提升的说明与培养高水平教师的主体框架》的咨询报告。此报告长达 60 多页，为今后日本教师教育水平提升注入了新的血液，也为日本落实"强师"战略奠定了坚实基础。

日本教师教育政策既一以贯之，同时又与时俱进不断推出新政。早在1999 年，日本"中教审"就发表了《关于顺利推进教师培养、录用与进修一体化》的咨询报告，主要论述了大学、研究生院和教师录用、进修制度的一体化，以及对于提高教师素质的重要性。

2012 年 8 月，日本"中教审"提出，因为学校要面临多样化的课题，要开展新的教育实践，为此，要把教师自身的指导力和探究力作为学校可持续发展的重要"两翼"，要进一步研讨改进与完善教师教育政策。

事实上，2013 年世界经济发展与合作组织（OECD）所发表的有关教师专业化发展调查结果显示，日本中小学教师在许多调查项目中得分偏低。譬如，对"若再次选择做教师"的回答的比例是 58.1%，而参与调查国家与地区的平均值是 77.6%。单从对此问题的回答，就足以说明日本教师对教师这一职业的满意度不是很高。

　　提升教师素质是顺应世界教育发展的潮流与趋势。日本政府提出让教师培养、录用与进修一体化的教师教育政策落地，是为了应对社会急速的变化。在日本人看来，在全球经济一体化的今天，面对日本所出现的少子、高龄社会，特别是近年来人工智能研究进展的加快，各种研究手段不断更新，为适应新的社会发展的变革，学校教育承担培养活跃在世界舞台的高素质人才的任务。只有高素质的教师，才能培育出高水平的学生。为此，提升日本教师素质就成为了当下日本教师教育改革中的重中之重。

　　其实，日本把提升日本教师资质能力纳入到了法制化的轨道。日本《教育基本法》第九条规定：法定学校的教师必须深刻认识到自我的崇高使命，不断地钻研，提高自身修养，完成自身的职责。教师应当受到尊重，同时，应当得到与其身份相适应的待遇。另外，必须充实教师的培养和研修工作。

　　由于近年来日本教师大量退休，且日本社会对教师的需求量日益增大，因此导致日本教师年龄、能力等结构不合理。明显的例证就是，在义务教育阶段，教龄不足五年的教师比例相当高。鉴于此，这就需要有教育教学经验丰富的教师对青年教师进行指导，为保障这一"以老带新"的制度能卓有成效，日本政府意识到需要建立起新的教师进修体制。

　　日本实施教师培养、录用与进修一体化的举措，同时也是为了满足自2016年起全面修订新的学习指导要领的需要。此次修订将涉及教学内容大幅更新、学习指导方法改善、学习评价改善，这些都需要由高素质的教师来完成。即将修订的学习指导要领大纲强调，在"习得、活用、探究"学习方式中：第一，要历经深度学习这一过程，提升发现问题与解决问题的能力；第二，在与他人协作和与外界相互作用的情境下，要通过对话这一学习过程，深化自主学习，提升思考的深度与广度；第三，除了学生间的"群学"，要通过强化主体学习过程，确保自主学习高效。

　　自1999年启动教师素质提升一体化改革至今，日本政府一向重视"强师"教育政策落地。自2014年7月至2015年5月，日本内阁总理大臣的教育咨询机构——教育再生会议，为确保培养高素质的教师队伍，召开了七次专门会议，就出台改进教师培养、录用与进修一体化体制进行了全面的研讨。

自跨入 21 世纪，日本教师教育改革机遇与挑战并存。日本"中教审"在其《作为学校教育担当者教师的资质能力提升的说明与培养高水平教师的主体框架》的报告中，对教师职业进行了重新定位，把教师定位为高度专业化人才。为此，要求教师树立新的教师形象。同时，要求教师要具有使命感、责任感，要对教育有热爱之情与激情。

该报告还指出，为适应社会变化，为培养社会所需人才，教师要强化终身学习意识，理应自觉学习，做好自身职业生涯规划；要更新与提升对所教学科和所从事职业所需的专门知识和实践指导能力；要不断努力提升自身收集与选择信息能力，要不断更新自身知识结构，以适应新时期所提出的改善教学、充实道德教育、小学外语教育提前与课程化、信息技术与课程整合，等等。

在日本政府看来，提升教师素质，教师教育改革需要应对教师培养、教师录用和教师进修制度大变革的课题。具体说来，对于教师培养而言，在教师职前教育阶段，作为未来教师培养，要保证最低限度的基础与基本知识的学习，要保障对准教师教育教学实践能力的训练、指导能力的培养。在学习教职课程的同时，要给他们提供充分的在学校进行教育教学实践的机会。为保证教职课程质量，大学要对教职课程引入外部评价制度；要发挥各大学的特色与个性，要创新教师培养制度。相关大学要与教育委员会通力协作，促进教师教职课程质量提升，对教职课程要进行严格的成绩评价。

在教师录用方面，为甄选到肩负着培养丰富的知识、广阔的视野、个性化发展人才任务的高素质教师，要不断完善与改进教师录用办法，要实行多样化的选拔教师方法。各教育委员会要全力支持实施新的教师录用考试政策，要确保学校内教师教龄结构合理。

应对教师进修所带来的新课题，日本文部省要求，国家、教育委员会、学校及其他组织机构，要给学校进行"松绑"，要做到事务精选、效率化。

要把教师作为专业技术人员活用，要改革现行组织体制，强化与社会及地域的合作，以确保教师得到充分的进修机会。为确保教师参与进修高效，要尽力满足教师进修的需求，作为培训主体的国家、都道府县、市町村、学校和大学，要进行通力合作。

对于法律所规定的初任教师研修、10 年经验教师研修，对于各地所实施的状况，文部省要求各教育委员会要对所管辖的学校情况进行整体把握，对相关制度要进行修订与改进。

面对新的教育课题，文部省提出要开发与普及新的教师进修项目，要做到研修指导一体化；要充实教育中心和学校内部研修体制，特别是校内研修体制，要形成校内外相互补充的研修体制；对教师继续教育学习，要进行适切的评价，要构建起促进教师实践能力提升的相关制度。

为全面落实教师培养·录用·进修一体化的教师教育改革政策，日本政府提出了以下"五大要点"，期望通过落实这五大方面的工作，达成提升日本教师整体素质的目标：

（1）教师职前培养制度改革要点：①对于教职课程，要将教科和教职两大类型课程进行整合；②引入学校实习制度；③确保教职课程的质量提升。

（2）教师录用制度改革要点：①推进实施弹性的入职制度；②研讨命制录用教师各地通用的考试试题；③为确保录用多样化人才而实施特别教师资格证制度。

（3）教师进修制度改革要点：①推进衔接性的进修；②实施初任教师进修改革；③实施 10 年经验教师进修改革；④整备与充实进修体制；⑤强化独立行政法人教师中心功能。

（4）教师培养、录用、进修一体化制度改革要点：①构建终身学习职业生涯系统；②创设教师育成协会（暂名）；③制定教师培养目标；④制定教师进修规划。

（5）教师资格证制度改革要点：①扩大持有初中、高中教师资格证教师在小学任教范围；②考虑推进各种教师资格证的并用；③简化获取特别教师资格证的手续；④扩大特别支援学校教师资格证的比例。

03．**澳大利亚推出学生评教计划**

据澳大利亚《悉尼晨锋》网站报道，澳大利亚政府出台新的举措，要求学生对他们的老师进行评价并打出等第，借以学生所打出的等第推动那些办学质量不高的学校提升他们的品质。

政府这一举措再次刺痛了与教育工会关系紧张的神经。依据这一举措，澳洲政府将对学生进行有关教师“表现”的问卷调查，然后运用这些调查来的信息指导教师重构课堂，以此来帮助教师改进教育教学工作。

当一些学校已经收集到了学生评价教师的反馈信息时，教育部长马丁·迪克森说，评级的过程是自愿的，政府“不会把评级的结果当很大一回事”。

按照澳大利亚政府的计划方案，要求更多的学校参与此项调查，所调查的问题将涵盖非常广泛的主题，其中包括从课程如何教授到教师是否对学生的优点、弱项和未来发展了如指掌。

“我们需要更深层次地了解学生是如何学习的，以及什么对他们才有成效，” 马丁部长说，“我认为，我们低估了运用学生就整个范围的事件发表意见来提升教育质量的重要性。他们具有难以置信的洞察力。”

要求学生评价其教师的计划，是近期澳洲政府出台的有关政策文件的内容之一，其宗旨就是要在在未来 10 年内，把维多利亚州的学生水平提升至全球顶级水平的行列。

校长们说他们支持政府这一举措，但老师们却反应冷淡。“我们不缺少数据，我们缺少的是支持，”澳大利亚教育工会维多利亚州分工会主席玛丽·布鲁特说， “你不能仅仅要求学校提升他们的质量，而不给他们提供所必需的资源。”

维多利亚州公立中学校长协会会长弗兰克·萨尔表示，他欢迎这样的改革。他说："绩效管理"不是个新的概念，但是应当使之线性化。从学生那里获取的反馈信息应是绩效管理的一个组成部分。不过，教师需要认可的是，他们需要以不间断的方式参与到提升自身教学技能行动中，以便真正能满足孩子们的需求。"

在澳大利亚政府出台的这份政策文件中，还提出把维多利亚州作为一个学习社区，出台了以下配套措施：其一，为学生家长创造一个孩子入学的代码；其二，通过猎头公司猎获商业领袖，邀请其加入教育行列，借此来推动学校的改革；其三，为学生提供更加详尽的成绩报告卡和"并非杂乱"的学校课程；其四，让校长评价教师绩效，并根据其绩效状况对其进行问责。

事实上，澳大利亚政府出台这份政策文件，其真正的意图在给予校长更大的自主与自治权，同时促使他们对学校的考试成绩负起更大的责任。

对于政府这一举措，社会上有赞扬也有批评，有的批评政府对学校提出了更高的要求，但是没有提供额外的经费支撑。维多利亚州家长协会发言人盖尔·麦夏德说，重塑孩子们的教育，倾听孩子们的意见非常关键。参与对他们老师的绩效所做的问卷调查和座谈，给予了孩子们分享的机会，让他们明白做什么事情最有效，还有哪些事情需要做进一步的探索。

04. 英国教师新年新期待

在 2013 年开启之际，英国《卫报》网站发表了一篇题为《英国教师预言：2013 年给教育将带来什么？》的文章，让我们听听当时的英国教师对 2013 年教育有哪些展望与期待：

爱德华六世文法学校班主任汤姆·谢灵顿：校长和教师都在为改变现行课程设置与评价框架而努力，因为它们远远不能满足所有年轻人教育的需要。2013 年我们将理直气壮地反对把填鸭式的智力教育作为教育政策的核心。英国专长学校与院校信托公司 (SSAT) 力推的"重新设计学校"行动计划将于 3 月份开始实施，对此我感到很激动。这份计划是由教育实践者、学术标准与政策制定者共同研制完成，他们将把一线教师的专业知识与教育研究者的教育学知识进行嫁接整合，以思考建构具有世界级水准的教育制度。同时，我希望有更多的校长和教师实践他们自认为正确的教育教学自治行为。

特伦市马尔学校英语教学负责人萨利·劳：作为乐观派，我预言，2013 年将让苏格兰教师确信他们投入很大精力实施的"卓越课程"计划将取得成功。很明显，其中"卓越课程"中的一部分将平稳过渡到"国家课程 4"和"国家课程 5"。另一方面，2013 年也许会带来更多的资源短缺与教职员人手的削减。尽管专业人士做出了巨大的努力，并以此来满足所有学习者的需要和帮助他们提升，但毫无疑问，政府进一步的人力与物质资源的削减将影响到我们的青少年。

圣约翰浸礼会教友小学信息协调员伊恩·爱迪生：2013 年每个教师都会说在小学需要教授编程和计算机科学，但很少有教师乐意去学习如何操作。正确的答案似乎是我们需要使用教育大臣戈夫所推荐的网站进行教学，但进行视频和音乐编辑、编制电子书籍、设计网站或运用其他有趣的信息与通讯技术，这一切都花费不菲。编程不能改变世界，编程不能成为许多小学教师鼓舞学生的工具。大多数学校不会教授学生编程。

沃森特市韦斯顿小学教师乔·沃德尔：期待政府出台更多的激励政策鼓励开办更多的自由学校，这将是抑制强制推行"学院式"学校的又一良策。地方教育当局最后将被"蒸发"，教育独立顾问和持续专业发展 (CPD) 支持提供者的人数将猛增。关于课程前沿，教育大臣戈夫将推行他的以考试为中心的新加坡教育模式。如果那些学校不以通过考试作为奋斗目标，它们将不得不更改为"学院式"学校。教育标准局 (Ofsted) 官员到学校督导时，他们不把英语和数学按照学业重视程度的顺序作为基础目标，还向艺术和技术课程说"再见"，这必将导致小学课程"遭殃"。

　　华威郡拉格比学校哲学科负责人约翰·泰勒：展望新年，我既不悲观也不乐观。2013 年教学与评价的希望在哪里？我想，这一年我们将开始关注以分数论绩效的问责制是如何扭曲和束缚教学的。越来越多的问题浮出水面，改进与完善的声音愈来愈高。早就该把这种"以考定教"的考试文化和机制下以测量结果进行问责的制度放在聚光灯下进行批判监督。取而代之的将会是什么？我们是否将有可能看到重新开始聚焦学习本身的价值，以及给教师松绑与赋权让他们来教授自己最擅长的知识？这些好的愿望是否能实现，还有待时间来检验。

　　兰开斯特公约翰学校助理班主任尤金·施皮尔斯：我预测将会有更多的教师求助"推特"寻求见解、资源、激励及个性化专业发展的支撑。在我的教师生涯中，最好老师的名字如雷贯耳，但是很少有机会和他们谈论及观摩他们的教学。"推特"将改变这种封闭现状，它将成为一个最鼓舞人心、给人以支持和具有一定挑战性的教师工作平台，无论你何时何地需要它，都触手可及。

　　切森特市戈夫斯学校宗教和社会学负责人安德鲁·琼斯：2013 年对于宗教教育学科而言是至关重要的一年。那些宗教教育老师和那些关心孩子精神生活、道德和文化发展的人士将抛出相关问题，而直面问题且要做出回答的应是教育大臣和他的顾问们。这些问题包括：如果普通中等教育证书考试废止后，对于宗教教育教师将带来什么？宗教教育教师就仅依赖这一家考试机构？宗教教育短期课程将会在普通中等教育证书考试中逐渐走向湮没？如果短期课程被砍掉了，那些按照法定要求已经地方教育当局审批的课程提纲会被学校忽视吗？我们希望教育大臣戈夫做出开明的回答。

　　柴郡威姆斯洛高中体育教师马特·贝宾顿：2013 年将是教师自我专业

发展达到顶峰的一年。作为体育教师和橄榄球教练，我经常求教于约翰·伍登，他是一位叱咤20世纪六七十年代篮坛并具有传奇色彩的教练。我把他对于激情的定义作为我个人教学的座右铭和日常工作的基石。很多老师认同他给"竞争性的伟大"所下的定义。"需要你做到最好时一定要做到最好，做到最好应是每天坚持的事情。"如果我们按照此定义尽自己最大的努力，2013年我们社区的教学水平无论是个体还是集体均将继续达到最优异的水平，所有的努力都将是值得的。

彭布罗克郡塔芬斯百特小学教师亚当·洛佩兹：我们已迈入了一个新技术在教育中运用的时代。软件、硬件及其运用发展速度之快，让我们始料不及。如果我们不更新教育观念和掌握及运用现代教育技术，继续站稳讲台将是一件难以维持的事情。在大多数情况下，网上免费为当代教师开展"沉浸式"教学所提供的教育资源与教育工具无论是量还是实用性都是史无前例的。互联网已经为我们分享他人的思想与实践敞开了大门，热心的教师不再仅仅依赖他们周遭环境而孤军奋战式地学习。

05. 英国设重奖培养计算机教师

据英国《卫报》网站报道，英国时任教育大臣迈克尔·戈夫宣布，英国将实施倚靠"脸谱"（Facebook）、微软和国际商业机器公司合作设计的新的中学计算机科学课程，以此来改进现行乏味的计算机课堂。

据悉，英国政府将为优秀本科毕业生提供2万英镑的奖学金，专门用于参加计算机科学教育培训，以此来培养中学计算机科学教师。这是一个由英国政府发起的改革行动计划，该计划得到了微软和"脸谱"等公司的支持。

这一举措是英国教育系列改革的步骤之一，改革目标指向改进中学计算机科学教育，要求培养学生编制程序的技能，而不只是重视文字处理技能的培养。

近日，戈夫宣布，英国现行的信息技术教师培训课程从明年起将被削减。取而代之的是，英国政府将提供价值近2万英镑的奖学金来吸引优秀学子参加为计算机科学教师做准备的培训。

在英国，有教师和计算机行业的负责人担忧，当前学校信息技术课程的授课方式使学生感到厌倦，学生学到的知识太少，难以掌握一些基础的数字化技术。

在新的举措下，计算机行业的专家已经为所有新的计算机科学教师所必备的学科知识做好了规划，其中包括展示其能理解像计算程序和逻辑关键概念的能力。

新教师培训课程将于2013年9月启动，届时英国政府将提供50份奖学金给那些本科成绩优异或良好的申请者。

戈夫说："计算机科学不仅是一门严密的有吸引力、挑战智力的学科。同时它对我国在世界上所处的发展位置非常重。如果我国想要诞生下一个像万维网的发明者蒂姆·约翰·伯纳斯－李爵士这样的人物，我们教室里需要最好的计算机教师。他们需掌握正确的技能和渊博的知识去帮助学生。"

英国政府同时宣布，约500名拥有信息技术背景的现职教师将接受培训来教授计算机科学。他们中的半数将成为与其他教师分享他们技能与知识的专家型教师。培训优秀计算机科学教师的网站将把中学、大学和大的计算机公司链接起来，形成一个培训教师的专业共同体。剑桥大学、曼彻斯特大学和帝国理工学院的计算机科学系、微软、国际商业机器公司等都已和政府签订了合作合约。

2012年1月，戈夫提出废除现行学校信息技术课程学习项目，意在为与大学和专业电脑公司合作开发新课程让路。

"下一代技术运动"的发起者伊恩·李文斯顿，一直致力于更好的计算机科学教学，他说："学校拥有乐于奉献、高水准的计算机科学教师将会带来巨大影响。他们将能够使孩子们成为技术的创造者，而不仅仅是被动的使用者。不管当前是否把它当儿戏，打击网络犯罪或设计下一代喷气式推进引擎，计算机科学是整个数字化世界中一切的中心。"

作为信息技术的专业组织，英国计算机协会表示，学生早就需要一门"智能缜密的"计算机科学教育课程。

英国计算机协会负责人比尔·米歇尔博士说："我们的愿景就是为每所中学培养与配备高水平的计算机科学教师。"

06. 美国"最美教师"琳恩

教育无国界，师魂耀全球。在大西洋彼岸传诵着一位坚守农村学校教学的美国"最美教师"的故事。

闭上你的双眼，想象一个只有 15 名学生的班级；想象这个班级学生的跨度从幼儿园到八年级学生不等；再想象你所教的这些学生就读于只有一间教室的学校。这所学校位于美国内华达州，离当地最近的小镇有 70 英里的路程。对于我们常人来说，在这样一所学校教学是一个巨大挑战，但对于琳恩·休斯顿老师来说，这就是现实。她现执教于内华达州的达克沃特学校，这所学校坐落在印第安保护区与面积 20500 公顷的荒野地区之间。

我们邂逅过不少具有传奇色彩的教师，但琳恩老师的故事使我们更加充满好奇与感动。美国《教师》杂志社记者曾对琳恩老师进行了专访，让我们走进真实而又带有几分神秘色彩的琳恩老师，以此揭开她扎根边远农村学校默默奉献教育事业之谜。

《教师》杂志记者：你所在的农村地区学校，"农村"到什么程度？

琳恩：离我们学校最近的镇，有两盏交通信号灯、一家超市、一个卖软件的商店、一名医生和一名牙医。我们所属的奈伊郡占地面积 18000 平方英里，该学区共有学生 6000 名。我在这所学校已经工作了 10 年。我的教师生涯是在保护区的另一所只有一间教室的学校开始的，所以我习惯了现在这样的环境。

《教师》杂志记者：在农村学校工作是一种挑战，你不觉得这里太偏僻了吗？

琳恩：我认为每位教师都面临挑战，不管他身处何方，也不管他所教的对象是谁，只不过我们面对的挑战不同而已。对于我而言，挑战可能来自如何获取所需信息，譬如，如何带领学生做实地考察旅行。有时候，我想我的学生可能没有城市学生那样经历丰富，但从另一角度，我不需要担心学生间出现暴力行为或在其他城市学校中常发生的与政治相关的事件。当我看到一个有40个孩子的班级时，我想孩子们就是"战壕"里的"战友"。

《教师》杂志记者：科学技术是如何助力你在如此环境中工作与生活？

琳恩：科学技术是学生学习经历中的一个重要组成部分。我们拥有实物投影仪和一块叫着"睿智"新品牌的电子白板。因为我们当地没有音乐教师，所以我们有些学生就不得到爱荷华州工作室选修小提琴课，有时我也使用"讯佳普"（Skype，一款网络即时语音沟通工具）来给学生上这些课，我把要教授的内容投影到一个6英寸×6英寸的屏幕上。我们也做一些视频剪辑来指导孩子大声朗读，他们用手指着文字伴随视频进行跟读。对于幼儿园的小朋友，我制作录像来帮助他们学习26个字母。年龄大一点的孩子一起利用"播客"进行阅读，他们个个都是阅读高手。我们还使用互联网来做研究，利用网上小测验来准备考试题，还利用谷歌地图来做"真实"的实地考察旅行。

《教师》杂志记者：面对如此大跨度的班级，教学意味着什么？

琳恩：严格讲，我的教学不是按照"一锅煮"式的方式进行的，虽然我使用的是自称为"层层剥皮"的教学方法，通常运用于数学课堂上。具体说来，首先我教授孩子们入门课，然后要高年级学生帮助教低年级的学生。接着当低年级学生掌握了一定的知识后，我便安排他们做课堂作业。对于高年级的学生，我会继续上课，包括教授他们更复杂的运算。

也有时候，我交叉教两到三个年级的学生，例如，把幼儿园的孩子和一年级的学生放在一块来教他们学习科学与社会学，七、八年级的学生在一起学习所有的科目，这样以每学年为单位借助教材开展循环教学。如果有必要，我也会做适当的变通，把高年级和低年级学生进行分组教学，因为我还有个助教协助我教学。我和助教有分工也有合作，这样有助于我对于每一门课程都要面对不同组别的学生进行教学。

《教师》杂志记者： 能否讲述有关你助教的故事？

琳恩： 兰迪七年前来到我们学校，当时她只有 21 岁。她出色的工作对学生非常有帮助。我请求学区给她一个全职的岗位，但我们这里被雇佣的机会太少。现在她仍然是作为监护人在学校工作，每天工作 2 小时。

除上课时间外，我和兰迪是非常好的朋友，我们的居住地相差 1 英里远。如果我没有鸡蛋了，我会要我的学生向她借两个。在学校，成年人仅有我们俩，我们没有自己的时间。同时，我们不需要花时间去处理那些规模的大学校同事间复杂的人际关系。我们的态度就是我们所拥有的一切。我们有比较丰富的教育教学资源，从现代教育技术上讲，我们所在的学区是很棒的，包括拥有电脑和召开电视会议的设备。

《教师》杂志记者： 你请过病假或因私人事情请过假吗？

琳恩： 我记不清是否曾请过病假。至于在学校生病，我还有些好笑的故事。有一次，我们有个学生长水痘。幸好那年我们只有 9 个学生，结果他们都染上了。生水痘的第一天，孩子们的家长要他们都待在家里，第二天我给他们打电话说，"你们知道，孩子们都在生水痘，我也躺着中枪了。如果他们不早点痊愈回来上学，我们将在一块抓痒。"

《教师》杂志记者： 你如何处理那些行为习惯不好的学生？

琳恩： 对于那些所谓的"问题"学生，我动了些脑筋，想了些办法。

我更像一个母亲或祖母对待孩子们。我用处理自己孩子的方法来处理学生的行为习惯问题。很明显，我们开始使用的是正面强化的教育方法，旨在让学生从所做的正确事情中获得正能量。很少情况下我们让学生停学，学生也知道一旦某个同学遭停学，他们就没有了相互交流的机会。

像其他老师一样，当我的教育方法不奏效时，也会求助家长予以配合。我最喜欢的格言是，你得发现小孩之间在流行什么，他们最喜欢拥有的物品和最喜欢做的事情是什么，那么你就利用他们喜欢的东西作为一种"工具"，以此来调控他们的行为。

《教师》杂志记者：你的祖母、母亲和姨妈都曾在只有一间教室的学校工作过，是什么促使你继承了她们的"衣钵"？

琳恩：我们代代相传都生长在农场地区。我认为，我们都是由伟大母亲培养长大的。她们确信我们知晓工作价值的伦理并将其展现出来。我同时也认为，我母亲和祖母她们那两代女性选择工作的机会有限，所以很自然我们三代就这样循环往复都在农村地区学校从教。在美国一些偏远的农村地区，只有一间教室的学校很典型，在这种学校任教，对于我来说，那就是一种历险，但更是一种人生历练。

07. 与美国品牌教师零距离

近几年，在我国中小学刮起了一股学习美国国家年度教师之风。北京、上海、广州等地先后邀请数名美国国家年度教师来华演讲与座谈；我国一些报刊也不断报道这些教师的"先进事迹"；迄今已有两家出版社出版了推介美国国家年度教师的专著。笔者所在的学校曾邀请了美国国家年度教师之一雷夫·艾斯奎斯来校讲座。与他面对面的交流，触发了笔者窥探美国国家年度教师成长的秘籍之心，意欲发现他们作为品牌教师的共同特质，从他们的故事里，寻求品牌教师共同的基因。

美国国家年度教师评选始于 1952 年，至今已有 63 载，是美国历时最悠久、最负盛名的全国性教师类奖项，由美国州立学校主管理事会发起。美国公立学校教师近 300 万人，而每年只选一人。颁奖仪式在每年的 4 月或 5 月在白宫举行，由总统亲自接见颁奖。今年 4 月 29 日，美国总统奥巴马就将一只刻有"2015 年国家年度教师莎娜·皮普斯"的水晶苹果颁发给了这位中学女教师。

毋庸置疑，获美国国家年度教师殊荣的教师，一定是品牌教师。为什么说他们是品牌教师呢？我们可以从其评选标准中找到佐证。评选标准中有这样两条：一，受到学生、家长和同事的尊重和认可；二，在社区中发挥和在学校中同样的积极、有效作用。此外，美国国家评选委员会还非常看重他们是否具有作为教育发言人、信息传播者的能力。

美国国家年度教师，作为所有教师中的翘楚与榜样，自获评开始，这些年度教师就成了教师的形象大使。按照相关规定，获此奖项的教师将在美国和全世界参加系列活动，宣传教师形象，交流教育教学经验。

其实，美国国家年度教师的评选，最为关注的是对学生的提升，尤其是对弱势群体、后进学生群体的提升。所以，美国年度教师中有不少来自于十分普通的公立学校，甚至薄弱学校、农村学校。

在美国，赴白宫参加颁奖仪式的各州年度教师们曾自发组织起来，通过头脑风暴的形式讨论优秀教师的共同品质，其结果排在最前面的两个词是"热情"和"创造力"。

笔者在美国教育期刊上看到招聘教师的广告，其中首要条件就是要有热情。纵观荣膺美国年度教师称号的教师们，在他们的身上无一不折射出他们热爱教育的情怀和对于教学充满热情的特质。

美国州立学校主管理事会在接受《中国教育报》记者采访时说，这些年度教师最基本的特质是对学习、对教学和对帮助学生取得成功的持续不断的热情。因为时代在变，学生走进学校时会给教师带来各种各样的挑战。教师唯有保持对教育的热情，这样才能应对挑战与战胜困难，才能确保每一个学生在他的能力范围内取得最大的成功。

1992 年度教师雷夫·艾斯奎斯之所以能够坚守在第 56 号教室长达近 30 年，很重要的一个原因，就是他喜欢他的孩子们，喜欢和孩子们在一起，喜欢看着孩子们慢慢成长的样子。说到底，就是喜欢他的教育教学工作。用他的话说就是"他的这份工作是世界上最好的工作"。雷夫每天第一个到学校，最后一个离开学校。他不在乎学生的期末成绩，但在乎 20 年后学生的发展。当笔者现场向他提问："是什么使你一直保持这样的教学激情？"始料不及，他做了这样的回答："是娶了一位好太太，好太太的不断鼓励。"他还幽默地说，因为太太要建一个高品位的厨房，需要大量的资金，所以他要一直坚持在讲坛，还要坚守几十年后才能赚到修建厨房足够的钱。

2009 年度教师安东尼·马伦原是一名退休警官，天命之年成为了一名专门和"问题少年"打交道的教师。他用一颗爱心、一份耐心和一片真诚，帮助徘徊在社会边缘的青少年重回人生正途，兑现了对每一个孩子"不抛弃、不放弃"的诺言。

2014 年度教师肖恩·麦库姆在与我国名师对话环节中阐述了他的教育哲学 ——"孩子先于内容，爱先于一切（kids before content and love before all）"。肖恩解释说，应让学生经常感到支持与关心，让学生感受到在学习和成长的过程中，老师是他的队友。相信学生、重视学生、期望学生，是他的教育理念。

美国年度教师首要品质另一个重要方面就是他们的创造力。2008 年度教师获得者迈克尔·盖森，就是一位非常具有创造力的教师代表。他半路出家，从护林员转行成为科学教师。他所在的学校短短 6 年换了 5 任校长，学生成绩差强人意。盖森勇于接受挑战和面对困难，他把科学内容编写成各种各样的歌曲，在学生中间广为传唱。枯燥难记的定义、公式，配上流行的曲调，一下子变得朗朗上口，学生学得有趣又轻松。

2011 年度教师米歇尔·谢尔，是一所郊区学校的化学老师，这位普林斯顿大学的高才生，通过自己创造性的教学，成功地为残疾学生、有色人种和底层背景的学生开辟出了一条通往科学世界的道路。她的秘诀是，让所有学生自进入课堂的那一刻起，就觉得是在学自己最喜欢的科目，不管他擅长还是不擅长。

2012年美国年度教师贝丽卡·米沃奇在获奖感言中说，一个伟大的教师应该富有创造力。行胜于言，她是这样说的，更是这样做的。她通过各种工具、作业、方法和点子，使孩子们始终将注意力集中在他们要学的东西上。

探寻品牌教师的共同基因，其实，是在为我国战斗在第一线的普通中小学教师寻求追赶的标杆性人物的特质。我们不可能人人都成为像美国年度教师那样的品牌教师，但我们可以借鉴他们的先进教育理念和行之有效的做法，通过大胆的实践与探索，做最好的自己。

只要我们抱着像著名语文特级教师于漪所说的"做一辈子教师，一辈子学做教师"的信念与心态，在品牌教师的引领下，通过自身的不懈努力，总有一天，我们将成为不是品牌教师而胜于品牌教师的"另类"教师。

08. 英国呼吁更多男性加入小教队伍

据英国《每日邮报》报道，2012年，英国政府首次发布了有关小学男教师的统计数据。数据显示，英国约1/5的男孩在小学阶段没有男教师教授他们，即年龄在4至11岁就学的360485名男童只有女教师教授他们。

上述数据表明，在英国太多的男童在他们上中学前很少或完全没有机会与成年男教师接触。更有甚者，由于在中学任教的男教师数量相当有限，导致一些男学生在整个小学和中学阶段没有受教于一个男教师。

据悉，这些统计数据发布在英国下议院图书馆，官方担忧会增加人们的忧虑，那些男孩子的品行不端部分是因为缺乏男性权威的正面影响与引导。

英国教育部官员认为，性别平衡的师资队伍更能帮助孩子们学会自信地与异性进行交往。他们还坚持认为，这样做的目的并不只是为了获得统计意义上的性别平等，而是为了录用"最好的教师"。

约翰·豪森是一位教师招募专家，同时也是牛津布鲁克斯大学访问教授。他警告说，男孩子有可能背负一个被"扭曲"的社会观成长。"如果你从来就没机会与异性互动交流，那么你所受的教育就是不完整的。"他说。

他还补充道，"我们谈论女性角色塑造，为什么我们在学校而不进行男性角色塑造呢？我们一定要让教师这个职业对男性和女性都具有很强的吸引力。"

面对英国小学男教师缺少的窘况，英国教育部发言人声称，提升小学男教师数量的举动已经开始结出硕果。我们希望更多男性考虑加盟小学教师行列。其实，男士申请充当小学教师的人数在上升，2011—2012年度在获准参加小学教师入职前培训的人员中男性已超过50%。

无独有偶，一位28岁名叫内森·肯普的小伙，荣膺英国2012年"年度教师"大奖。英国教育部在伦敦维多利亚宫殿剧院举行了隆重的颁奖仪式。

被他人戏称为相对稀有"物种"之一的内森老师，执教于东伦敦普拉斯托地区托尔盖特小学。该校是一所仅有450名学生的欠发达地区的小学，学校70%的学生英语不是他们的第一语言，他们所说的母语达48种之多。这样一所教学质量较差的学校，曾经一度被当地教育部门"亮红灯"，因为内森的加盟与其他教师共同奋战七年，该校现在被当地教育部门评估为优质学校。

当很多人不解并询问为什么内森痴迷于当小学教师时，他做了如下的回答："那样做很伟大，因为一位男性教师在学生早期教育中影响力很大。不仅是充当那些单亲家庭中"父亲"的角色，而是在帮助学童在成长与社会化的过程中寻求一种两性的平衡。"

其实，内森在5岁上小学的第一天就立下了成为一名教师的志向与誓言。他认为，小学教室是他圆梦的地方，但他一直不明白为什么其他人不步他的后尘当一名小学教师。

据悉，内森老师所获得的奖项是英国第一个也是第一次"全能综合型"年度教师，而不是小学和中学的分项奖。

被公认一走进教室就激情四射的内森表示，他将继续"留"在小学教室。他相信，他的获奖会带来"东施效颦"效应，将会有更多男性从事小学教学工作。

09. 英国：加大教师入职培训前考试难度

据英国教育部网站报道，英国政府宣布，自 2013 年 9 月起将实施新的更加严格的新任教师入职培训前考试，此举旨在提高教师职业标准和教师准入门槛。

据悉，这一举措的始作俑者是英国一家领导校长和教育专家的独立评估机构，他们提议提高英语和数学考试的难度，即提高这两门学科的合格分数，使其具有一定的挑战性。按照新的考试规定，那些希望从事教师职业的毕业生首先要通过入职培训前新的英语、数学和推理考试，而且数学考试禁用计算器。

据报道，现行的考试只需通过基本的读写和计算能力的测试。最新统计资料显示，过去约 98% 的候选教师都能通过现有的测试。

英国提高教师入职培训前考试的难度，意在提升教育系统的标准，而这将助力于英国在全球化进程中提升自身竞争力和保持兴旺发达。

时任英国教育大臣迈克尔·戈夫表示，来自全世界的实践经验表明，严格遴选教师是提高教师质量和教师地位的关键所在。

其实，实施新的教师入职培训前考试，是英国政府打造高质量教师队伍的战略之一。2011 年，英国政府提出培养下一代杰出教师行动计划，其中包括五大举措：为理科成绩优异毕业生人均提供 2 万英镑的补助，用于参加教师培训；为有志于参加小学数学教师培训和愿意在最具挑战性学校工作的毕业生提供额外的经济资助；等等。

10. 德国、意大利：教师成"香饽饽"

在德国，教师为国家（地方）公务员。当教师门槛高、要求严，但教师这一职员已成为青年人青睐的职业。教师职业的稳定与高收入是使教师职业具有吸引力的主要因素。除非犯罪，教师一般不会轻易失业。教师的收入与欧洲其他国家相比较要高出一些。来自世界经济合作与发展组织的统计数据表明，在该组织成员国中的 30 个国家中，德国教师的工资除低于卢森堡与瑞士两国以外，明显要高出其他国家。在德国，教师与医生、律师同等受到尊重。教师这一职业最具有吸引力的要数教师依法被允许最长可以不带薪休假达 12 年，这样使得女教师完全有充裕的时间来生儿育女、培养下一代而仍然保留教师这一公职。

据《纽约时报》报道，由于政府预算危机的严冬席卷整个意大利，教师成为香饽饽的职业。日前，意大利政府组织自 1999 年以来首次教师遴选考试来填补教师空缺岗位，逾 321000 人申请参加考试，角逐 11500 个短期合同教师岗位。考试竞争之激烈，引来不少主要媒体围观。

有批评者说，此项考试原计划每 3 年进行一次，但意大利教育部为省钱再而三地将考试延期。意大利教育部官员表示，2012 年举行的考试，意在引进一批新一代的教师为这一支现在平均年龄已达 50 岁的教师队伍增添新的血液。事实上，目前意大利教师平均年龄是欧洲最大的。不容乐观的是，申请参加本次考试者的平均年龄超过 38 岁。

据悉，此次考试先在电脑上操作完成，主要考查逻辑、阅读理解能力、数学和语言能力。通过第一轮考试的申请者，还需要参加第二轮的笔试与口试。此考题也遭到有关人士的质疑，他们认为，此次考试没能测试申请者是否喜爱学习以及是否爱孩子的特质，这恰恰是一个好教师应表现出的能力倾向。

一位世界经合组织（OECD）教育顾问说，意大利学校师生比是欧洲最高的，这并不意味着意大利教育质量就很高。从学生成绩表现来看，意大利学生成绩低于世界经合组织国家常模参照水平。他认为，意大利拥有一定量的教师，但是他们的薪酬待遇偏低，且接受培训相对较少。而其他国家重视教师的质量胜于关注班额的大小。

罗马学校协会发言人玛西莫·加吉罗日前表示，在上周举行的招募短期合同教师考试之前，已有200000名完全合格的教师在等候被聘任。

加吉罗先生说：“就在现在，排在我前面的已有50人等候被雇佣在罗马教授希腊语，但此次招聘考试又引来数以千计的竞争者加入到竞争的行列中，这不是在竞争，而更像在抽彩票一样。”

11. 国外教师可否有偿兼职

世界先进发达国家对于公立中小学教师兼职的管理是如何进行的呢？我们不妨以德、日、美这几个国家为例，初步梳理起来，他们所采取的主要政策与适用的法律概述如下：

第一，作为公务员的公立中小学教师，由公务员法来调整其可否兼职。世界主要发达国家对公立中小学教师的法律定位，主要有公务员、雇员、公务员兼雇员三种类型。德、日两国明确规定，教师的身份是国家（或地方）公务员，适用于公务员法进行管理。世界大多数国家关于公务员应尽的义务有共通的一条原则规定：不得兼职。德国联邦公务员法规定：“公务员有责任做好本职工作，将自己的整个人格、能力和全部精力投入到公务员关系上。”德国巴伐利亚州州立公务员法规定：“公务员的工作和忠诚关系同时产生工作以外私人范围内的义务。公务员在工作内和工作外的行为必须使人产生其职业所要求的尊重与信赖。公务员在工作之外的一种行为若特别损害其职位或公务员制度的声望所应享有的尊重与信赖，则属渎职。”

既然公务员法对公务员兼职进行了规定，那么一般公务员或教育公务员是否完全是无条件地不可以兼职呢？回答是否定的，有些也要视情况而定。在满足某些法律或规章所规定的条件下也是允许兼职的。前西德公务员法律规范法第四十三条规定，如公务员获得上级许可同时可以兼做写作性、科学性、艺术性与演讲等工作。但作为公务员的义务及正常工作的利益不能因兼职而受损害。

有些州的公立学校教师有权在主要职位的工作时间以外从事另有报酬的工作，但这种兼职工作应向雇主报告，并尽可能取得批准。从以上法律条文与规定来看，在前西德只要经过组织允许且不影响本职工作，公务员或教师兼职是允许的。

日本《教育基本法》第六条第2款规定："教师应为全体国民的服务者，而自觉自己的使命，努力完成自己的职责。"就国立、公立学校的教师而言，一般说来，除接受国家公务员法或地方公务员法的调整外，还要接受教育公务员法的调整。日本《地方公务员法》第三十五条"职务专念义务"规定："一旦担当起公务员职务，除非法律或条例有特别规定的场合，公务员要全力以赴专心致志于所担当的职务。"同法第三十八条对地方公务员在营利性企业兼职做出了严格的限制。相对于其他行业公务员而言，教育公务员兼职具有一定的弹性与灵活性。故此，日本《教育公务员特例法》第二十一条规定："任命机关认定教育公务员兼任其他有关教育的职务或者从事其它有关教育的事业或事务，并没有妨碍完成本人工作时，教育公务员可以有偿或义务地兼任该职及从事该事业或事务。"

尽管日本教育公务员特例法规定教师可以在一定的条件下兼职或从事其他有关教育事务，但作为教育公务员，日本法律规定，公立中小学教师在教育工作上有服从命令、专心工作等方面的义务。地方公务员法规定，职员除在有特别法律或条例规定之外，在工作时间必须将全部注意力放在工作上，应从事自己有责任完成的业务。同时法律对于教育公务员兼职兼薪的审批条件和审批权限规定得非常严格，实际上使得教育公务员兼职、尤其是兼职兼薪的可能性非常小。日本是一个考试"地狱"的国家，私塾和高考补习学校多如牛毛，但各种"学习塾"和补习班的教师一般都是专职的"私塾"教师或退休教师，没有在职的国立、公立学校教师在兼职任教。

第二，倚靠立法，明文规定公立中小学教师的权利与义务，把不允许兼职作为教师的一项法定义务。在德国，公立中小学教师的法律关系既要受地方公务员法调整，也要受各州《学校法》调整。联邦德国基本法没有授予联邦立法的权限，也没有授予它管理权。所以，就教育立法而言，均由各州自行立法并行使教育管理权限。一般来说，各州颁布与实施的《学校法》中都明确规定了公立中小学教师的权利与义务。在大多数州的学校法中都严厉禁止中小学在职教师在校外兼职。他们认为教师兼职是从事第二职业，从事第二职业是玩忽职守，则须承担公务员法和学校法中规定的后果，轻则纪律处分，重则被开除，并写入该教师的个人档案。有违规记录的教师，若再想重新回到教师岗位则几乎没有可能。因为有这样明确与严格的法律规定，所以德国一些州的公立中小学教师为保教师“铁饭碗”而不敢轻易越雷池而去从事兼职活动。

第三，借助于教师与教育行政部门所签订的聘任合同来许可或限制教师兼职。美国是一个教育地方分权制的国家，各州行使教育管理权，具体执行在地方学区教委。对于公立中小学教师的管理主要以聘任合同管理为主。因为聘任合同具有法律效力，对聘方与被聘任方均有约束力。为使教师能全力投入工作，美国部分地方学区在与公立中小学教师所签订的合同中言明教师不得在外工作或兼职，否则即面临解聘或不续聘之处分。大多数学区教委认为教师兼职有悖师德，对此，美国地方法院基本认同此观点，认为禁止教师兼职符合使教师全力投入本职工作的目标。法院典型的判例有：在 Gosney v. Sonora Indep. Sch. Dist.(1979) 案中，一位小学教师与其担任校长的丈夫买下一间干洗店，学区教委即据此认为其违背不得兼差要求而予以不续聘。

为何美国部分学区禁止教师兼职？按照我国台湾学者李惠宗的观点，兼职禁止之规定主要源于“避免利益冲突”的考虑。故教师另开设补习班或于补习班兼课，则不可，因两者有所冲突。据此看来，美国不准教师兼职主要是担心教师因兼职而影响到本职工作。

12. 申诉制度：美国教师维权的"利器"

美国是奉行"法律主义"、"法律至上"的国家，十分注重通过调解与仲裁等手段，及时处理各种教育纠纷与争端，形成了比较完备的教师申诉制度。在学校内部，通常设有专门的机构和配置纠纷调解人，专门处理教师与学校之间的纠纷。教师因待遇、解聘等问题与地方教育当局之间发生纠纷可以通过教师工会出面，会同有关部门进行集体协商谈判来解决。调解和仲裁不成的，可以由地方教育委员会出面处理，也可以直接通过诉讼途径解决纠纷。

近些年来，在美国各种形态的教育工会纷纷成立，教师为争取自身权益而告上法院的案例有增无减，这表明美国教师已把申诉当作是其工作权利之一。本文拟就美国申诉制度中的"集体协商制度"、"对不利处分前的听证制度"和"仲裁制度"进行初步考察，并对我国教师申诉制度的现状与存在的问题作一简要分析，以期对完善和健全我国教师申诉制度有所启示。

联邦宪法第十修正案规定："凡是未经宪法规定授予联邦政府行使或禁止州政府行使的各种权利，一律保留给州或保留给人民行使。"由于宪法中未提及到教育权的问题，因此，美国联邦政府认为教育是各州的责任，致使美国 50 个州形成了不同的教育系统，确立了分权的教育模式。

由于美国各州州情的差异，有关教育立法也迥然不同。按照传统，州教育委员会仅制定原则性条款，具体和细化的操作规程由各区教育委员会制定并实施。州教育法规通常会对一些细节的问题做出规定，如教师任期、退休、集体协商和专业谈判、合法的解聘程序等。

校方对教师的侵权行为，如降低工资、压缩科研经费、减员解雇教师等，这些作法往往引起教师不满，从而引起申诉。美国教师申诉的途径主要有两条，集体协商制度为其中的一条。

何为集体协商制度？它是指雇主与受雇者的代表在互相信任的氛围中，对工作的环境与雇主和受雇者双方之间的权利和义务进行协商，协商所产生的协议为日后签订契约的依据。由于美国教育行政制度采取地方分权制，美国教师的权益并无全美的统一标准。因为联邦宪法并未明文规定有关协商的条款，所以集体协商的性质、内容等完全取决于各州的立法机关，法院的判决也多以各州的有关协商法案中的规定为依据。

(1) 协商的形式。根据州学校法一般有三种不同协商的形式：①强制协商：学区教育委员会与教师团体就有关议题协商；②禁止协商：州政府全面禁止双方协商，或者在某些议题上设有限制；③自由协商：州学校法中并未提及协商事宜，所以学区教育委员会并无义务进行协商，但在某些特定的情况下，学区教育委员会"志愿"与教师协商。

(2) 协商的主体。就协商双方的主体而言，虽然有对学区教育委员会代表雇主的代表性表示质疑，但如果州立法机关授权或同意，学区教育委员会即有权代表教师工会进行协商。工会代表某学区的教师，但并非所有的教师均为工会会员。

(3) 协商的范围。对于集体协商的范围，主要由各州的立法机关确定。有的以条款方式列出协商议题，有的却只是概略规定，后者常常引起争端，而必须由法院判决。法院认为必须协商的议题主要为工作时间、工作环境、薪酬等。法院持以上见解，其理由是为了维护学区教育委员会的经营管理权。凡是属于与学区教育委员会的经营管理权相关的议题，均不得列为协商的议题。例如，聘任教师权是其中的一项。在大多数判例中，法院认为不续聘教师的"程序问题"可列入协商，但实际决定权在教育委员会，不可列入协商范围。换言之，协议双方不能将教师是否续聘列入协商议题。此外，有关教师的工作调换，晋级等也是如此。一旦没有列入协商，除非学区教育委员会同意，否则有异议的教师不得申请仲裁，而只能向法院进行抗告。

美国属英美法系国家，与德国和日本等国不同的是，公立学校教师不具有公务员身份，其权利和义务的确立与保障的根本依据以所签订的劳动合同为主。美国教师与教育委员会是一种雇佣关系，事先必须签订工作合约。所签合约分为长聘教师与试用教师两种，两者之间的待遇差异较大。由于各种原因，学区教育委员会对教师所做出的不利处理极多，而主要以薪酬与不被续聘最为严重。对于薪酬问题，工作合约中都有明文约定，如出现问题则可申请仲裁。对于解聘问题，由于涉及丢"饭碗"的大事，所以区教育委员会和教师都非常慎重地对待，在对教师所做出的不被续聘决定生效之前，允许教师申诉。

美国教师在获得长聘教师身份之前，首先要过试用教师这一关。虽然称其试用教师，实际为取得教师资格的合格教师。试用教师的期限一般为三至五年，在试用期间，多为一年一聘，是否续聘完全取决于教育委员会对教师的全面评价，除有非常特殊原因外（如违反州的法律法规），大多数情况下，法院不愿介入。因此，对于试用教师而言，从"实体法"上看，教师根本就没有对将不被续聘的决定进行申诉的机会，充其量学校只是按照州的法律在一定期限前通知教师不被续聘而已。

长聘教师较之试用教师，在受雇方面有一定的优越性。能全面胜任工作的长聘教师，一旦获得长聘的资格，即享有工作的保障，并且享有规定的程序保护权利，不会因教育委员会的主观、恣意乃至非法的决定而丧失其工作。如果教师被解聘，则必须要经过法律法规所规定的程序方可。41个州规定了可以解雇的理由，大致可分为八类情况：①不胜任；②身心不适合；③不道德或非专业行为；④失职；⑤严重的不服从；⑥犯罪行为；⑦所担任的教学职位已不再需要；⑧其他充分和正当的理由。

对于教师解聘，教育委员会必须提供类似联邦宪法第十四修正案的"正当程序"。其中，听证会是较为普遍的形式。教师可以在听证会上进行申辩与陈述。某些州认为解聘长聘教师必须要举行听证会，但某些州则把是否要举行听证会的决定权下放给了地方教育委员会。由于是非司法程序，听证会不必一定公开，听证会的形式也可以多样。在听证方面，可分为决定解聘前的听证和决定解聘后的听证。决定解聘前的听证，意在给予主雇双方再一次机会重新审视解聘行为的合理与合法性。决定解聘后的听证会，学区教育委员会扮演的是听证会仲裁者的角色，在听取教育行政部门与教师双方的意见后，做出是否支持解聘的决定。换言之，它是一种更接近正式法院判案的听证形式。不管采取何种方式，对于面临解聘的长聘教师来说，在被解聘的决定还未生效之前，可以借助于听证会的机会为自己进行申辩，力争挽回对于自己不利的局面。

纵使教育委员会给予了长聘教师申辩的机会，且不利于长聘教师处理的决定还未生效，但长聘教师是否最终被解聘的决定权还是掌握在教育委员会手中。因为教师与区教育委员会是一种契约关系，所以只要不牵涉宪法权利的争端，法院多尊重教育委员会的决定。例如在 Morelli v. Bd. of Educ.(1976) 一案中，一位被解聘的教师抱怨未受到公开听证会的待遇，因而违反了其第十四修正案的权利。此种听证会为法院审理案件中所必需的程序，然而在某些州的法律中，并未给教师公开听证的权利，而代之以私下听证或与教育人员谈判的形式。

美国高校教师与学校之间也是一种合同关系，或契约关系。契约是一种要求双方遵守的协定性文件，具有一定的法律效力。如果单方毁掉合同，那么另一方就可凭借合同向毁约方提出上诉。大学教师对于关于自己的待遇、工作条件、晋升、"终身雇佣"、受到处分和免职等问题，有提出申诉和要求举行听证会的权利。对于解聘教师除按照"正当程序"举行听证会外，地方教育委员还必须要依照州的法律，在一定的期限内送达解聘的通知，在解聘通知书上，必须列举所违反之州的法律条款，并详细叙述其解聘的原由与事实，否则视为无效。

仲裁是美国教师申诉制度中的一种常用的方式。合约双方的任意一方对其另一方违反合约中的条款而引发争议时，可使用仲裁程序。与司法诉讼相比，仲裁省时省钱，因而美国教师都习惯于先启动仲裁程序，万一无果，再诉讼到法院。申请仲裁的事由主要涉及教师人事问题、职务分配、不续聘与解聘等问题。

仲裁程序是一种邀请以公正身份出现的第三者（个人或团体）来解决合约双方争端的方式。其主要形式分为调解、查明事实、仲裁三种。调解往往是解决争端的第一步。如果调解不成，则按合约中的诉愿程序来进行。由于各州的法律不同，在进行仲裁时，有的州可能会从调解直接上升到仲裁，查明事实这一环节就省略了。有时查明事实后所做出的判决仅为建议，不具强制力；而进行仲裁后，第三者的结论则具有司法效力，双方必须切实遵守。

在美国大约有 20 个州准许使用仲裁来解决合约上的争端，即使允许进行仲裁的州，也不完全承认仲裁者的判决效力，尤其是在不续聘与解聘教师的议题上，法院对此的看法依个案而有所不同。

综上所述，虽然我们没能窥其美国教师申诉制度的全貌，但可略见一斑，有其值得我国学习与借鉴的地方，集体协商制度、听证制度等在维护教师合法权益方面都发挥了很好的"程序法"保障作用。就其申诉制度系统而言，当然暴露出其局限性与不完善性，比如，侵害试用教师不被续聘权利的诉权；当教师受到权益侵害时，在没有附加任何限制的前提下，可以直接寻求司法救济途径；等等。

第二次世界大战后，受教育民主运动的影响，美国法院开始愈来愈倾向减少对教育问题诉讼的限制，致使有关教师诉讼的案件逐年增加。尤其 20 世纪 60 年代以来，美国教育法律规定过分强调教师的权利，司法系统也多倾向于支持教师维护自己的合法权益，从而导致校园纠纷事件接连发生，形成了一种全社会性的"诉讼流行病"。教师们常常因为一件微不足道的小事去打官司，教师控告校长、教师控告教育委员会；被告辩护，原告再上诉，大量时间用于诉讼方面，严重影响了学校工作。

13. 美教师评价新政遭遇"肠梗阻"

奥巴马政府出台的"力争上游"教育改革方案，要求美国各州把教师绩效评价和学生统考分数挂起钩来，旨在让各州在激烈的竞争中力争上游，以全面提升教育质量。然而，由于美国各地新的教师评价体系设计本身存在诸多缺陷，导致纽约市等地启动新的教师评价系统一波三折。佛罗里达等州在评价教师绩效过程中，甚至还出现了荒诞可笑的做法。

从某种程度上讲，纽约市新的教师评价系统完全是一个妥协的产物。

鉴于纽约市政府与市联合教育工会就建立新的公立学校教师评估系统问题未达成共识，2013 年 2 月，纽约州州长安德鲁·科莫终于按捺不住发出声音，他提出一项旨在解决争议的措施，即在划定新的达成协议的"死限"——5 月 31 日前，如果纽约市政府和市联合教师工会仍然处于僵局的状态，一套由纽约州教育厅制订的教师评估系统将在纽约市自动生效。

2013 年 6 月，美国纽约州教育厅厅长约翰·金通过强制手段启动一个新的纽约市教师评价系统，从此打破了一个旷日持久而棘手的僵局。按照新通过的纽约市教师评价体系，纽约市教育行政当局将把学生的成绩作为评价教师绩的重要组成部分。

按照纽约市新的教师评价系统，每个教师评价总分的 20%—25%将由纽约州所确认的学生成绩进步幅度所确定，另外 15%—20%由学校的评价措施来衡量，其他 55%—60%将基于对教师的课堂观察结果或通过录制教师课堂视频来进行评估定夺。

纽约市教师工会主席迈克尔·穆尔格鲁和纽约市前市长布隆伯格·彭博双双表示，他们在很大程度上对约翰·金的计划较为满意，其中还包括一个新的校长评价系统。布隆伯格在一份声明中赞扬约翰·金拒绝了所谓的"落日条款"，因为这个条款几年后将过期作废。

穆尔格鲁在一个讲话中陈述，他更倾向于通过双方谈判来最终解决争议。纽约市分管教育的副市长丹尼斯·沃尔科特表示，纽约市愿意继续与联合教师工会及州政府三方合作建立一个"严格的教师评估系统。"

科莫强调说，为纽约市建立教师评估系统的举措如果到位，将会是"永久性"的，此举措将是与州政府财政补助联系在一起的。他表示，约翰·金将慎重考虑制定一个一年或几年的实施计划。

然而，他对于纽约市将全面实施新的教师评价体系表示不乐观。"最艰巨的部分是试图与教育部门一道实施任何一项新的举措，这是我们最关心的。"穆尔格鲁在接受电话采访中说。纽约州州长科莫的发言人梅丽莎·德罗萨在其声明中表示，新系统"将创造课堂上真正的问责制"。

"我想这是一个走出泥沼的路径。"纽约市学生组织机构执行主任迈卡来·拉什尔说，"科莫州长已赋予了纽约州政府永久性为纽约市建立教师评估系统的权力，这样将把一个旷日持久的争议带进尾声。"

2013年，美国佛罗里达州通过了一项新的法律，按照该法律规定，以教师从没教过学生的标准化考试成绩来评判教师的工作绩效将视为非法。据报道，出台这样的法律事出有因。近年来，该州许多教师事实上被如此评价，即他们的工作绩效与那些他们从未教过甚至连面都未见的学生成绩挂钩。教师们之所以遭遇这样不公正的评价，其依据是该州一项学校法所规定：教师的绩效评价应与学生测试分数相关联。

针对教师被冤枉评价这一严重不公的事实，该州7名教师随同美国教育协会和佛罗里达州教育协会，通过一纸诉状力图挑战这一荒唐透顶的评价系统。

就教师遭遇不公正评价一事，经过相关组织和教师公开与政府抗争之后，佛罗里达州政府最近通过了一项新的法律，尽管它只是弥补了原学校法中所出现的部分漏洞。依据新的法律，但仍然不明朗的是，那些教师教过的学生如不参加州同一测试，该如何评价教师的绩效等。相关机构表示，诉讼不会撤回，部分是因为新的法律并没有改变过去两年教师评定中的缺陷。

实际上，佛罗里达州并不是美国唯一一个以教师从未教过的学生成绩评价教师工作绩效的州，田纳西等州也陷入了这样的窘境。

14. 美国：教师绩效工资改革艰难前行

据美国《纽约时报》报道，2012年是蒂芙尼·约翰逊在美国华盛顿罗恩·布朗中学从事特殊教育的第7年，她的年薪从63000美元飙升到87000美元。38%的薪酬涨幅，在美国公立中小学中前所未闻。在华盛顿最新实行的教师评价制度下，约翰逊连续两年被评为"高效教师"，打破了教师高比例涨薪纪录。这项教师评价制度还让她连续两次领取了总额高达 30000 美元的奖金。

近 10 年来，尽管美国打出了响亮的教育改革旗号，也在教育改革方面使出了浑身解数：小班制、延长学时、教师问责、降低辍学率、实施特殊教育、打造安全校园等，但屡屡收效甚微。面对美国教育改革陷入泥沼，2011 年美国各地教师集会抗议不断，纷纷打出了"拯救学校"的行动口号，美国各界也在不断追问美国教育将走向哪里？

美国社会将教育改革不成功归咎于教师质量不高。《美国教师》杂志调查显示，帮助公立学校走出危机，美国人寄希望于高质量的教师队伍与专业支撑。为提升教师整体素质，美国总统奥巴马深谙"胡萝卜加大棒"政策的威力，力推教师绩效工资改革。早在上任之初，教师绩效工资就成为其施政纲领中教育改革的 5 大支柱之一。在 2011 年 1 月的一次讲话中，他意味深长地说："对于所有 50 个州而言，若你们能拿出改革创新的计划，提高教师质量和学生学业成绩，我就给你们拨款。"

在政府预算整体削减的背景下，针对联邦政府所拨付的教育专用资金，奥巴马及其团队深知"好钢要用在刀刃上"的道理。为此，美国推出了"力争上游"(Race to Top)教育拨款计划。该计划要求各州提交教育改革方案，并对优胜州给予拨款奖励。这项计划对教师工资改革进一步提出明确要求，包括依照严格、透明而公平的程序衡量教师与校长的工作成效，公布教师与校长的参评结果，依据这些评估结果，作出奖励或惩罚的决定。同时，将学生的学业成绩与教师、校长的评估挂钩。

据美国联邦教育部网站消息，迄今为止，"力争上游"教育拨款计划进行了 3 轮，共 22 个州因推出教育改革计划而获得拨款，教师工资制度改革无疑是其中的一项重要内容。

在美国，许多地区在过去 10 年中都试图开展绩效工资制度的试验，但屡屡遭遇强大的教师工会对传统薪酬结构进行谈判的反对。然而，美国首都华盛顿特区作为少数几个大城市中的领衔者，正在寻求一次本质意义上的教师薪酬制度改革。其新的绩效工资方案，首先强调的是最高补偿，即提高教师在一年内可能赚取的薪酬——每年约 130000 美元。

2011 年秋天，华盛顿学区全体 3600 名公立中小学教师中，有 476 人获得了可观的奖金，其中 235 人得到了非同寻常的高额加薪。该学区人力资源主管詹森·卡姆拉斯说："我们希望能让伟大的教师变得富有。"

但是，获得最高收入的前提是：拥有最高程度的学位、拥有丰富教学经验、具有最佳表现并能达到一切要求。伴随绩效工资的是新的教师评价制度。在过去两年间，这个学区超过 400 名教师因评价不合格被解雇。新的评价体系，作为奖金和提高工资的框架，旨在吸引优秀人才加盟教师行业。在华盛顿，评价等级为"高效"的教师可以获得 2400 美元至 25000 美元不等的奖金。连续两年达到这一等级的教师可以获得永久性加薪。

事实上，早在 2007 年，科罗拉多州的丹佛学区就制定了绩效工资制度。该项制度受到了奥巴马总统的称赞。但专家认为，这项制度是有缺陷的——它为高学历教师提供大量奖金，却没能给那些显著提高学生学习成绩的教师提供。鲜有证据表明，学生在高学历教师的班上学习会收获更多知识。

同年，密歇根州的休斯敦学区也采用了教师评价系统。但是，这个评价系统对课堂成功的定义如此宽泛，超过一半的教师获得奖金。佛罗里达州迈阿密市戴德县学区给予该学区教师一次性奖金，其中 84 位教师获得每人 4000 美元，12 位教师获得每人 25000 美元的最高奖金。

迈阿密市一位高中英语教师克伦·萨顿，是 12 位最高奖金获得者之一。现年 56 岁的萨顿说："有人说你做了一项伟大的工作，那感觉太好了。"她在迈阿密从事了 23 年的教学工作，每年的薪水约 55000 美元。另一位获奖者玛莎·阿罗查教授四年级阅读，她把得奖的经历形容为令人振奋。

"很多老师离开教师这个行业，但我一直觉得值得留下。我知道，他们看重我。"这正是许多支持公立学校教师绩效工资制度的美国教师的真实想法。

"激励机制最重要的作用是塑造那些进入教育行业并选择留下来的教师，"斯坦福大学胡佛研究所经济学教授埃里克·汉纳谢克说，"华盛顿的教师工资激励制度将会吸引优秀的教师，也有助于留下最好的教师。"

在美国，教育行业因为在几年之内失去数千名优秀青年教师而屡遭批评，许多专家把它归结为起薪低、传统的工资和晋升序列，以及看重学历而不是以课堂教学成功与否来评判教师的优劣。

美国《教育周刊》引用经济合作与发展组织的一项调查指出，小学教师起薪占该国 GDP 比例较高的国家依次是：韩国 1.28%、德国 1.27%，而美国只占 0.79%。具有 15 年教龄的小学教师薪水占该国 GDP 比例较高的国家依次是：韩国 2.21%、新加坡 1.97%，而美国只占 0.96%。

相对偏低的薪酬影响了美国中小学教师质量。以纽约市为例，教师起薪平均为 45000 美元，而律师的起薪为 160000 美元。就美国整体来看，教师起薪平均为 39000 美元。

曾经参与设计华盛顿中小学教师绩效工资评价体系的詹森·卡姆拉斯还有另一个身份——2005 年美国国家年度教师奖获得者。他认为，在新的教师绩效评价系统中，最重要的应该是在优秀教师从教的早期给予他们永久性的加薪，否则他们中的很多人会在短期内离开教育行业。

目前看来，华盛顿的教师绩效工资改革已经初见成效。28 岁的吉米·罗伯茨是一名教授阅读障碍学生的教师。在绩效工资改革中，他的年薪从52000 美元增加到现在的 75000 美元。他说，金钱和社会认可能够帮助他消除沮丧感。过去由于工资较低，他为了还清大学期间的学费贷款，不得不在晚间和周末从事第二职业——酒吧接待员。

马克·拉隆德是华盛顿市一名有着 7 年教龄的高中社会学教师，他曾考虑去巴尔的摩市的学校工作，这样离家更近，可以避免舟车劳顿。但是，当他连续两年获得"高效教师"的评价后，他放弃了这个想法。因为他的年薪从 58000 美元提高到了 87000 美元，并且连续两年获得 10000 美元的奖金。在尚未实行绩效工资的巴尔的摩，教师工会薪级表显示，他的工资只有 50000 美元左右。

然而，各种奖励也伴随着风险：在获得奖金和提高工资的同时，教师必须放弃教师工会合同中所罗列出的一些工作安全规定。2011 年，在华盛顿约有 20% 的教师获得提高工资的资格，但其中 30% 的教师宁愿选择放弃奖金，也不愿放弃那些保护他们权益的条款。

对教师绩效工资评价系统长期持否定态度的评论家内森·桑德斯，同时也在华盛顿教师工会担任主席一职。他认为，新的教师绩效评价系统没有充分考虑在贫困学区工作的教师面临的困难。他还表示，绩效工资不适宜造就明星教师。"这套看似精品的评价系统妨碍了教师们在一起工作"，桑德斯说。

15. 经合组织：教师职业满意度高

据 2014 年《世界经济与合作组织》（OECD）网站报道，由世界经合组织开展的有关教师工作满意度与专业发展的 2013 年专项调查结果新鲜出炉。此项调查显示，尽管不少教师感觉在学校工作上没有得到应有的支持和被认可，在社会上没有受到应有的尊重，但大多数教师还是很享受教师这一职业。

世界经合组织所做的有关教师教学与专业发展的国际调查（TALIS）发现，90% 的教师对其工作满意，80% 的教师表示下辈子还选择教师这一行业。但是只有 1/3 的教师相信教师是社会上具有价值的行业。有趣的发现是，那些自认为教师受尊重国家的学生一般在国际学生评价项目测试（PISA）中成绩占优。

本次共有 34 个国家或地区的中学、总计 10 万多名教师和学校领导参与了此项调查。调查的意图是通过了解教师和知晓他们工作的状态，以此为基础来帮助这些国家打造高质量的教师专业水准。

调查发现，有相当多的教师工作仍然是"单打独斗"。超过一半的教师很少或从不与同事进行合作，仅有 1/3 的教师观摩同行的课堂。教师收到学校领导反馈意见极少，46% 的教师报告说，他们从没收到来自学校领导的反馈意见，31% 的教师相信，如果工作持续表现不佳将会面临被解聘。

但是此调查也得出了一些正面的发现，有不少教师和学校领导都非常认同以下观点，那些积极参与合作学习的教师对工作的满意度与对工作能力的自信心要高于一般教师。参与学校决策同时也能提升工作满意度，并且使教师感受到更受社会尊重。

"我们需要吸引最优秀的人才加入这个行业。教师是当今知识经济时代的关键，接受良好的教育是每个孩子未来成功的重要基础，"世界经合组织教育和技能司主任安德烈亚斯·施莱克如是说，是他在东京发起的这项调查。"这项调查结果所提供强有力的证据表明，教师对变革是持开放态度的，他们大都热衷于学习和发展他们的职业生涯。同时，他们需要采取行动更主动与同事和学校领导进行合作，充分利用好每一个专业发展的机会。"

此次调查还挑战了一些有关职业的刻板观点。例如，与班级大小相比较，教师工作满意度更受课堂行为的影响。大多数教师发现评估和反馈是建设性的：62%的教师说，他们所收到的学校反馈意见大多能有助于他们提高自己的教学实践。但是丹麦、芬兰、冰岛、意大利、西班牙和瑞典这6个国家分别有22%—45%的教师说，他们从来没有收到来自于目前所工作学校的反馈意见，而在所接受调查的34个国家中从来没有收到学校反馈意见的教师平均只有13%。

16. 盖洛普调查：美国教师很敬业

据美国《教育周刊》网站报道，2013年，美国权威民意调查机构盖洛普发布了其所做的教师敬业度调查结果。调查结果显示，美国中小学教师表现出在他们从教一年后其敬业度呈下降的倾向。

具体而言，教龄刚满六个月和一年的教师，其敬业度为35.1%；工作一到三年的教师，其敬业度下降至30.9%；从第三年至第五年，其敬业度还会继续下降，但从事教职十年以上教师的敬业度稍有爬坡回升，达到

31.8%。

　　据报道，此次盖洛普教师敬业度调查于 2012 年 1 月至 12 月进行。调查电话随机采访了各行各业人士逾 151284 名，其中包括 7265 名中小学教师。

　　盖洛普教师敬业度调查根据以下三种分类方式进行，即"敬业"、"不敬业"和"非常不敬业"。盖洛普调查把"敬业精神"定义为"对所从事的工作有激情并全情投入其中，工作积极主动并对其所工作的组织做出自身应有的贡献"；"不敬业"则被界定为"虽对工作单位有一定的满意度，但情感上对工作单位依存度不高"。

　　与其他研究进行对比研究，该研究发现教师敬业状况整体良好。相比之下，只有管理人员、医生和护士总体上敬业度比较高。其实，此研究结果与该机构另外所做的关于职业幸福感的研究吻合度较高。该研究发现，除了医生以外，教师总体幸福感位居所有行业之榜首。

　　盖洛普调查还发现，初任教师的敬业度远远高于其他行业人员，但也发现仅约 1/3 的教师在从事教职工作的头六个月敬业度比较高，相对来说，他们工作比较投入、专心致志。但该调查还显示，约 2/3 的教师自从教第一年起敬业度就比较低下。

　　盖洛普调查认为，随着教师教龄增长，教师敬业度呈下降趋势，这不是什么新的发现。宾夕法尼亚大学里查德·英格斯尔研究机构，对教师职业生涯发展趋势有着深入的研究，其研究成果揭示，将近一半的教师在他们工作的第一个五年内会选择离职。按理说，人们会带着激情开始新的职业生涯，这种工作激情也因要面对种种现实问题而逐渐衰退。

　　盖洛普研究表明，教师敬业爱岗的模式与其他职业类似，但是值得注意的是，"随着时间的流逝，经验的累积，其他行业人员敬业度下降的比例要小于教师行业"。

　　盖洛普民意测验调查机构指出，提升教师的敬业度，每所学校亟须一位更好的校长。该调查机构的研究表明，"一贯表现出管理者在提升他们团队成员敬业度中的关键作用"。

毋庸置疑，伟大的校长有助于提高教师敬业精神。为此，美国现正开始研究寻求测量校长有效性的方式。迄今为止，这个领域的研究成果还是相当有限的。因为学校不同于其他工作场所，所以也许与此课题研究相关的更多成果不久将面世。

17. 美国：打破教师终身制困难重重

据美国《全美教师联盟》网站报道，2014 年 11 月 3 日，最新一期的《时代周刊》（*Time*）出版，这期杂志的封面是一只木制的法槌正在砸向一个苹果（苹果在美国是教师的传统象征），杂志内刊登了题为《教师终身制之战》（*The War On Teacher Tenure*）的文章，向美国教师的"铁饭碗"宣战，遭遇到全美最大的教师工会——全美教师联盟的强烈抨击。

在 11 月 3 日出刊的《时代周刊》的封面上，有一张这样的图片，可以部分解读为"烂苹果：几乎没有可能解聘一个不胜任的教师"，同时该图片展示了一个小木槌要打碎这个苹果。"当我今天看到这一图片时，感觉很恶心，"全美教师联盟主席兰迪·韦恩加登在给一些激进份子发电邮时如是说，"从这期的《时代周刊》封面来看，该杂志没有试图就解决我们学校的需求搭建对话的桥梁，它是在故意制造争论，以便售出更多的杂志。"

韦恩加登女士的电子邮件还包括了敦促教育工作者要求《时代周刊》因刊发误导社会和具煽动性的封面应道歉的请愿链接。该电邮触动了众多人的神经，一下有数千人签署请愿书，并分享在"推特"等媒体上，他们均表达了对《时代周刊》此种做法的强烈不满。据统计，在不到 24 小时之内，签署请愿书的人数就达 25000 多人。

《时代周刊》的封面本身没有对打破教师终身制表达自己的观点。《教师终身制之战》一文只是"旁观"了那些富有的赞助商就如何打破教师雇佣的正当程序保护而做出的努力。该文带着批判的眼光看待教师终身制，同时也对那些硅谷的投资者提出打破教师终身制的动机进行了质疑。

"然而，杂志封面不应给那些想通过利用自己的财富来改变教育政策的人进行炒作的一席之地，" 韦恩加登说， "《时代周刊》的编辑们是在借炒作打破教师终身制这一敏感话题，以此来责备那些献身于为学生服务的教育工作者。"

第四辑

寻变：再构课堂

教育寻变，课堂是"牛鼻子"。因为，课堂改变，学校就改变。国外课堂是啥样？近些年又有什么"花样"？这是我国中小学一线教师最为关注的话题，让我们一同走进国外学校的课堂，看他们的课堂是如何进行转型与再构。

美国的课堂改革可以说是世界中小学课堂变革的风向标。近年来，"翻转课堂"在美国比较流行。美国的理科教学特别注重培养学生的创新精神与实践能力。按能力"分组教学"又重回美国的课堂。但让我们大跌眼镜的是，美国中小学课堂并没有我们想象的那么自由。

相对来说，我国中小学教师对德国的课堂比较陌生。台湾知名作家龙应台笔下的《德国学生如何上历史课》将带领我们领略别样的德国课堂。

再构课堂，还体现在观课与评课的重点转向。英国中小学观课有其一套观课理论指导与实践操作指引；日本的观课与评课已从过去的关注教师的"教"已转向聚焦学生的"学"。

01. 美国理科课堂教学是啥样

美国中学理科课程繁多，学习内容因人而异。课堂教学中，教师既重视知识的传授，更重视培养学生的思维能力，动手能力和实际应用能力等。他们鼓励学生多问，发表不同意见；鼓励学生去思考，去发现；鼓励学生运用资料，学会利用图书馆、因特网；鼓励学生搞课题研究。纵观美国中学理科课堂教学，概括起来，主要有以下几个特点：

（1）教学作为一种个体活动。美国中学理科教师独立地开展理科教育活动，在选择授课内容以及指导步骤上具有很大的自由度，一旦他们决定了使用的材料，他们将独立地准备授课，在授课课程中，不只是讲授，同时还演示并利用他个人的方法引导学生做实验，完全不需要其他教师和实验员帮忙。所以美国中学理科教学大部分依赖于教师的个体水平并取决于教师个人的教学风格。

（2）以学生为中心的授课。美国理科教育课堂始终以学生为中心，教师把学生的学习兴趣、个性特长和创造性的培养放在首位。他们的教学风格因人而异，他们使用大量的幽默、名人轶事以及体态语言来吸引学生的注意力，教室课堂气氛活跃。在一堂讲解"细胞结构"的生物课堂上，美国教师通过画一幅很有趣的城市地图来显示它的组织系统，进而引入"细胞结构"的教学活动。还有一位化学教师鼓励他的学生运用化学知识写诗并进行表演，他同时把化学教学与冰淇淋的制作结合在一起，一堂化学课下来，学生都品尝了他们自制的冰淇淋。美国教师在课堂上与学生建立一种平等的师生关系，课堂上多采用"问与答"式的教学方法，大胆鼓励学生向教师质疑，大胆鼓励学生的求异思维。另外，大多数美国理科教师把课堂的大部分时间留给学生参与自己动手活动，只要学生对这种活动感兴趣，教师似乎不介意学生打破常规程序来进行操作。

（3）课堂教学中大多使用归纳推理。课堂教学中，大多数美国教师倾向于使用归纳推理，他们通常先要求学生先观察，然后归纳出理论和概念，在给学生呈现课本上的现成答案之前，教师只是鼓励学生思考各种各样的解决问题的方法，教师通过使用接近现实生活的例子，培养学生独立思考能力。动手活动的开展旨在引导学生通过做真正的科学实验与研究——从理论假设到数据的测定、分析，直至得出科学的结论。很典型的做法是：教师向学生呈现某一个研究课题，学生根据自己的兴趣和知识背景，他们在教师的指导下，上图书馆、因特网上查资料，实地去做问卷调查，然后收集和分析数据，最后写出高质量的研究报告。

（4）重视实践能力的培养。与我国理科课堂教学重视基本理论的学习相比较，美国理科教师更善于利用演示和动手活动，只要美国教师能通过动手解释的课堂内容，他们绝不使用语言。美国教师在演示和做实验活动方面呈现以下三个典型特征：①所用设备（施）一点都不奇特和昂贵，相反简单和便宜（大多数设备都是教师用家庭的普通东西制作而成）。②活动有趣且实用性强，因为这些活动与日常生活情景紧密相连。③计算机的广泛使用。动手活动旨在让学生通过亲自动手来发现理论以及得出超越教材的结果。为此，教师鼓励学生用不同的方法和设备做不同的实验，最后得出不同的解决问题的方法和结论。在美国，大多数理科教师都拥有实验设备齐全的授课教室，学生到教室里来既可以听教师讲授，也可做实验。美国学生有较大的自由度进入实验室开展活动，他们常使用的设备和材料大都是教师或学生从自己家里带来的。在实验室里，经常看到学生在用日常水果和蔬菜做实验。美国教师一下爬上屋顶，一下走出门窗来为学生做演示实验。

（5）学生主体性得到弘扬。美国教师允许学生在课堂上有较大的自由度，鼓励学生自由地提问，在实验课堂上，美国学生经常有机会准备实验仪器和材料，然后按照自己的意愿完成全部实验，同时被要求写出实验报告。很明显，美国学生课堂活跃，富有创造性、独立性和丰富的想象力。因为没有全国升学统考的压力，他们在学习新教材之前，教师不是先给学生散发讲义材料，而是把学生分成小组，引导学生开展实验活动，学生记下他们所观察到的现象，然后做些分析，实验完成之后，学生才读教材（课本）有关内容，然后参考有关的学习资料，他们独立地得出初步结论，然后与小组其他同学共享实验结果，最后教师花少量

145

时间总结并呈现理论。采用此种方法，学生的独立思考能力及解决问题的能力得到了培养。

美国中学生的探究课堂

　　课堂上美国学生放松、大胆、乐意冒险和乐于探索新的天地，他们拥有一种美国人开发西部的先驱者精神，他们的动手活动是开发性的、探究性的。在生物教学中，实验经常代替讲授，在学生实验手册里，给出的是一系列问题而不是对实验步骤进行详细说明。当学生明确任务之后，他们必须积极思考、阅读、设计、观察、记录并得出结论，这种方法在开发学生智力和培养能力方面行之有效。

　　似乎美国学生趋向于一种外向性性格，美国教师在课堂上能较容易地观察和了解学生的学习态度和课堂的表现，课堂是一种比较随意的课堂，这样容易使学生积极参加课堂的讨论和参与其他活动。

○2. 美国高中课堂三大期待

在迎接 2013 年到来之际，美国学者凯尔西·希伊在《美国新闻与世界报道》网站发表题为《高中生应期待什么》的文章，以全美高中生和他们的家长之名，对美国高中课堂做出了三大期预测。

希伊女士开门见山指出，未来几年美国高中生将享受更多的合作课程。其实，美国高中生与他们的家长一道已于 2012 年共同见证了教育领域的诸多变革，其中主要包括拓展教育信息技术在课堂中的运用、"改组学校周活动"以及建立起一系列的核心课程标准。

美国高中课堂改革主要受两大因素所驱动：一是不断把新的教育信息技术引入课堂；二是在高中生中反复强调高中是为学生升入大学或为他们职业生涯做准备的重要阶段。

美国教育工作者和教育专家在认真分析了美国教育改革的未来趋势之后认为，未来几年全美高中生和他们的家长可以做出以下三点期待。

期待一："混合式学习"（Blended Learning）将扎根课堂

"混合式学习"的核心目标就是将传统的课堂学习和 E-Learning 的优势相结合。美国威斯康辛州河谷高中科学教师乔尔·布洛克说，未来要做的事情不是给教室添置更多的教育信息技术最新装备，教育工作者将有可能从"光鲜的设备综合症中"倒退一步，重新审视与评估如何更好地利用过去那些年所开发出的教育信息技术。

美国一家专门开发教育工具公司的首席执行官吉姆·刘易斯表示，当下，美国教育技术界与培训机构给教师和学生提供了大量免费可利用的教育信息技术，从大量的网上在线课程（MOOCs）到教学录像课程，这些都将有力推进"混合式学习"根植于未来几年的美国高中课堂。

不过，也有人担心，更多的网上学习意味着学生花在屏幕上的时间更多，有时甚至是在教室外面学习，这一点似乎与传统教育理念有些冲突。对此，刘易斯说："这是一把双刃剑。是的，他们会从'岔道上'获取一些其他东西，但互联网上拥有丰富的资源，他们必须进入与利用。" 美国学者确信，只要学生善于利用网上资源，就可让他们的家长放心，他们小孩所运用的教育技术是有效益的。

期待二："翻转的课堂"（Flipped Classrooms）教学模式将占据课堂一隅

传统的课堂是教师讲学生听，学生回家后完成教师布置的作业。"颠倒的课堂"情形却是，"学生家长将看到越来越多的学生把老师布置的视频课程以及其他内容，作为家庭作业在家观看"，一家开发教育编程公司的总裁丹·卡顿如是说。

事实上，"翻转的课堂"是一种新型的教学模式，即课程的讲授和家庭作业两个部分互相调换。在课程之前，学生在家里观看一些简短的视频课程，而课上的时间则进行一些练习或者讨论。视频课程通常被视为这种"颠倒"的方法的关键因素，这些课程或者是由教学者制作并上传到网上，或者从网上的资料库中选取出来。提前录制的课程可以是播客或者其他的音频格式，并且如今，对于视频的获取和观看都非常容易，这使得这种颠倒的模式可以变得极其广泛。

"翻转的课堂"的理念是借鉴积极学习、学习者参与、混合的课程设计和课程播客等概念而产生的。它的价值在于将上课时间转变为一种研讨会，学生可以查询课程内容、测试自己应用知识的能力，并且还可以在实践活动中与他人进行交互，在这期间，教师充当教练或者顾问，鼓励学生的个人查询和协同能力。在课堂上，学生运用视频课程中的内容，以小组形式在与其他同学合作互动中解决相关问题。

期待三：州共同核心课程标准（The Common Core State Standards）将引领课堂改革

按照既定时间表，全美州共同核心课程标准于 2014 年秋季官方已正式实施，但是推进此标准的工作已于 2013 年在部分区域先行。该标准的实施将有助于改进英语和数学两门学科培养学生的批判性思维和分析技能，为高中毕业生适应日后的生活奠基。

《下一代科学标准》同时也将由全美科学教育工作者、研究者和学校管理者联合制定，最终草案已在 2013 年三月完成。威斯康辛州科学教师表示，他们已经在思考如何将这些标准落实到课堂上。

03. 美国课堂兴起"分组教学"

据美国《纽约时报》网站报道，在美国中小学，按照学生能力分组教学又重新兴起，这一趋势震惊了美国教育专家，因为 20 世纪 80 年代末至 90 年代所盛行的依据学生能力分组教学遭受了诟病与批判。他们始料未及此种教学方式咋又能"东山再起"呢？

一项来自于美国国家教育进步评测机构（National Assessment of Educational Progress）的最新数据分析资料显示，71% 的小学四年级教师称，在 2009 年他们按照学生不同的阅读水平，把学生进行分组实施了阅读教学，而 1998 年如此这样实施教学的教师比例才 28%。在数学教学中，61% 的小学四年级教师报告说，在 2011 年他们依据学生不同的数学能力实施了分组教学，而 1996 年这样实施数学分组教学的教师仅 40%。

据报道，按照能力分组教学的回潮始于纽约市与纽约州较劲所开展的"天才教育项目"，其做法就是在一些公立学校中通过考试挑选顶尖学生，把他们编入提高班一起学习。

据悉，参与纽约市长竞选的克莉丝汀·奎因提议要扩大纽约市"天才班"学生的数量，同时放宽录取天才学生的标准，此举希望能增加学生来源的多样性。

那些开展依据学生能力分组教学实践的教师和校长说，当今，实施分组教学是不可或缺的，这样助力于他们善待那些学习能力和学业成绩各异的学生。

在新罕布什尔州多佛市樵夫公园小学工作的西尔斯老师说，"原来我的教学以全班中等学生水平作为坐标，结果落下了2/3的学生。"从10年前开始，她完全改变了原有课堂教学组织形式，再没有"一刀切"式地向全班学生教授同一内容，她开始探索按照学生能力分组进行教学。西尔斯老师即使在课堂上面向所有组别的学生教授相同的学习材料，但她却为不同能力小组学生"量身定做"布置不同的活动与课外作业。

尽管按照学生能力分组教学在美国很流行，但还是引来了一些争议。有研究表明，按能力分组教学会伤害那些被划归为能力差组别学生的自尊；也有一些研究得出这样的结论，分组教学可提高各类层次学生的考试成绩；还有结论认为，分组教学帮助了高水平的学生却伤害了低水平学生；也还有研究说分组教学的影响是微乎其微的。

支持按照能力分组教学的人士辩解说，如果不实施按照能力分组教学，教师不得不只面向中等水平学生组织教学，这样就把天才学生和能力差的学生都落下了。他们还表示，按照能力分组教学有一种"同伴效应"：即如果高水平学生与其他高水平学生配对学习，他们会表现得更优秀。如果明智而审慎与弹性地实施分组教学，分组教学将有助于所有层次的学生。

在接受采访时，一些教师说，他们相信当下的分组教学不是有差别地对待学生，因为分组在不断的变化中。但他们也承认，为不同组别的学生"量身定做"，增加了他们额外的挑战，因为他们必须要准备不同的教学计划，只有这样才能与不同学生所取得的进步同步。

其实，纽约市实施分组教学的一些学校，对学生的能力分组采取的是"滚动式"分组方式，其操作流程是，学生刚开始按照阅读和数学成绩被分配到不同层次的组别，当学生成绩取得进步后，他们便可以回到适合自己水平的组别学习。

在西尔斯女士的学校，有三到四组的学生整天都在"滚动"学习。该校校长帕特里克·布迪介绍说，按照能力分组开展阅读教学，在该校10多年前就开始实施，已成为了一件常事。越来越多的教师也开始在数学教学中使用分组教学。学校欢迎这种实践与探索，西尔斯老师 2013 年暑假应邀赴缅因州培训那里的教师开展分组教学。

"动态地开展分组教学，这是准则，也应向这个方向继续前行。" 布迪校长最后说。

04. 德国人如何上历史课

台湾知名作家龙应台在香港大学讲学期间，曾经和德国留学生在一起闲聊，其中问到他们"你们高中的历史课是怎么上的"这一问题。

因为这些学生来自德国不同的州，所以教师的教学也存在差异（德国的教育管理权限下放在各州），但在七嘴八舌的争相发言里，龙应台发现两个共同的特点：一是，在他们的历史教学方式里，教科书不重要；二是，历史教学是开放式的。

如果这一课是 1870 年的普法战争，那么老师在上课前会要求学生读很多第一手资料。譬如，俾斯麦首相的演讲原文，要学生从演讲稿中探讨当时普鲁士的外交策略，从而分析普法战争的真正原因。除了了解德国观点之外，学生必须知道法国观点，老师可能用计算机放映当时法文报纸上的时事讽刺漫画、评论，或者画家笔下的巴黎街头图像。在分析战争本身时，老师可能出示一张他带来的 1870 年普鲁士的经济发展指针图，用来解释当时的"新科技"——譬如铁路的广泛使用和新制大炮的威力——如何使普鲁士在战场上占了上风。法国本身贫富不均、工人阶级不满、社会压抑已久的不安定，老师可能用当时法国的生产指数和土地分配的图表来说明。

也就是说，在整个讲课的过程里，教科书非但不是唯一的教材，而且不是核心的教材，甚至可能根本没用到。

第二个特征是开放式的教学。教学的主轴不是让学生去背诵任何已经写进某本书里的叙述或评价，而是要学生尽量从第一手资料里看出端倪，形成自己的判断。如果这一堂课的主题是纳粹，学生可能必须去读当时的报纸、希特勒的演讲、工会的会议记录、专栏作家的评论、当时的纪录片等，然后在课堂里辩论：纳粹的兴起，究竟是日耳曼的民族性所致，还是凡尔赛合约结下的恶果，还是经济不景气的必然？各种因素都被提出来讨论，至于结论，学生透过资料的分析和课堂的辩论，自己来下。

满头卷发的路卡士说，"我们那时就读了托马斯曼的弟弟亨瑞·琪曼的书，《臣服》，因为他就认为德国人的民族性有惯性的服从性格。我们在课堂上就此辩论了很久。"

如果主题是1848年的欧洲革命，学生必须从经济、社会和政治的不同层面分析革命的起因，然后又要试图去评价这场革命的后果：这究竟是一个失败的革命，如法国的历史学家托克维尔所说，"社会顿时撕裂成两半：羡妒的无产阶级和恐惧的有产阶级"；或是一个成功的革命，因为20年后，德国和意大利都统一了，而法国扩大了选举权，俄罗斯废除了农奴制。

事情的是与非，人物的忠与奸，往往没有定论，学生必须自己从各种资料的阅读里学习和梳理出自己的看法。

"我们还常常要做报告"，刚刚来到香港的汉娜说，"一个人讲45分钟，等于教一堂课。"

"你记得讲过什么题目？""当然记得，"她说，"因为要做很多的准备。我讲过英国的殖民主义。"

在这样的历史教学方式里，教科书的地位只不过是一个基本的参考资料而已。在众多一手和二手的资料里，包括演讲、漫画、照片、统计图表、新闻报导和学者评论、人物日记、法庭记录，等等，教科书只是一个指引，不具任何一锤定音的权威。

开放式的历史教学，着重在训练学生运用材料的能力，尤其在培养学生面对纷杂的史实做独立思考和独立判断。教科书充其量只是路边一个小小指路牌，不是烫了金的圣经。

"那考试怎么考呢？"考试，他们解释，也不会以教科书为本，而是开放式的题目，都是要你写文章答复的，譬如"试分析俾斯麦的外交政策"或者"试分析魏玛共和国失败的原因"；测验的是一种融会贯通的见解，教科书根本没有答案，也不可依赖。

如果教科书根本不被看作一锤定音的权威，如果课堂中的历史老师有独立见解，又有旁征博引的学问，如果我们的考试制度不强迫老师和学生把教科书当圣经，我们需要那么担心教科书的问题吗？历史教学的真正问题所在，恐怕不在教科书，而在教育的心态、制度和方法本身吧。

"可是美国的历史教育比较跟着教科书走，"来自奥地利的约翰在美国读过一年高中，他插进来，"而且他们的历史课教得很细，不像我们在欧洲，着重在大事件、大历史。"克力斯说，"那没办法，他们只有两百五十年历史可以谈，所以连什么'三十年代流行时尚'都可以在历史课里讨论一整节。"克力斯也去美国交换过一年。

话题转到美国去了。克力斯接着说，"我发现美国人跟欧洲人真的很不一样，譬如说，有一次老师出题，要大家挑选 20 世纪本国某一重要人物来做报告，结果，你知道吗？有五个人，选的是蝙蝠侠！不可思议，是高三呢。"

05. 看英国、日本如何"观课"

在我国，观课活动是促进教师专业发展的常见手段之一，一般不作为评价教师教学优劣的主要考核指标。而在英国，观课、评课后的评估数据要与教师工资晋升等紧密相连。

在英国观课，观课者有"三看"：一要看学生的学习；二要看老师的教学方法、策略；三要与学生交谈，看他们在做什么。

英国课堂特别强调观课关注三类学生，首先是关注优秀学生，其次是关注大多数学生，最后是关注个别学生。

如果观课者要对一堂课进行评价，至少要在一堂课上待上 25 分钟，看看课的开始、结束和中间部分，这样才能比较专业地对所观的课做出一个比较科学与公正的评价，这样才能让被观课者对评价结果易于接受。

近年来，日本中小学观课发生了较大的变化，也就是从过去的关注教师的"教"转向了聚焦学生的"学"。即使是希望教师改进教学方法，也是从学生的学入手，特别是学生的小组活动。

具体来说，观课者不再坐在学生后面观察教师，而是全部挤到学生小组里面，仔细倾听学生的表达和交流，特别关注学生之间的倾听关系是否形成，学习在何时何处发生，学生的困惑在何时何处发生。同时，观课者对课堂话语和非言语行为等做详细的笔录、录像或录音，以便在后面讨论时提供具体的证据。

还有明显变化的是，日本中小学观课将重点放在课后反思上，甚至不鼓励给被观课者提建议。笔者询问其理由，日本教师给的答复是：教学方法对于每个教师而言都是独特的，给别人建议还不如自己在课堂上进行试验。这点与我国一些学校所倡导的"观别人的课堂，思考如何改进自己的课堂"，有异曲同工之处。

日本有的学校还向观课者规定了在观课时需关注的"三点"：第一点，学生在什么场合下才能形成学习？第二点，学生在什么场合可能会有困惑，为什么？第三点，自己（观课者）通过这节课学到了什么？

为便于观课者讨论时大家可以精确地描述学生的学习状况，日本有的学校为观课者除提供教案和教材外，还包括学生的名字、座位以及合作学习时的分组安排。

总体而言，日本中小学教师观课时大都全身心地投入课堂，关注学生的学习，而不是忙于阅读教案，有的学校在课前甚至不给观课者授课教师的教案。当笔者向日本教师打听为何这样做时，他们的回答是：让观课教师体验课堂教学中的惊奇和不确定性。如果观课教师仅仅只盯着教案观课，执教者课堂生成性的智慧火花有时就难以捕捉到。

把中国和日本中小学课例研究稍做比较，我们不难发现我国的课例研究现仍停留在对教师的教的分析上，非常细致地解剖教师的行为。日本的课例研究更加关注学生的学习动机。在具体学习内容上，日本中小学课堂不只是帮助学生寻找答案，而是让学生们一起"制造答案"。

06. 美国学生功课"不具挑战性"

据《今日美国》网站报道， 一项联邦最新调查报告的分析数据表明，美国数以百万计的学生认为"学校不具挑战性"。该报告刚一出炉就立刻引发了激烈的争论，争论的焦点在于该数据能否使全美学业标准有所改变。

新鲜出炉的调查报告是由华盛顿智库之一的美国发展中心承担完成的。相关专家在分析了近三年由美国教育部国家教育进展评估部门进行的问卷调查后有了以下新发现，这种全国性的问卷调查在美国每年进行一次。这些新发现主要有：

37%的四年级学生说他们的数学功课"经常"或"总是"太容易；

57%的八年级学生认为他们的历史功课"经常"或"总是"太容易；

39%的十二年级学生说极少写他们在课堂上所阅读过的东西。

此调查报告的合作者、美国发展中心高级研究人员尤里奇·博斯称这些数据颠覆了最近上映的《无处比赛》中的"学校压力锅"的形象。虽然大多数学生处于学业这根弦上，博斯说，"但美国大部分学生没有把主要的时间与精力投入他们的学业中。"

位于弗吉尼亚州的非营利机构——核心知识基金会一直致力于推进更加严格的学业标准，其中心发言人罗伯特·邦迪思修说："压力锅"的现象仅存于少数的高中学生之中。在美国，"每个孩子都背负着70磅重书包回家"的现象从未发生过。

此调查数据表明，许多孩子没有被学业牵着走：只有1/5的八年级学生每天阅读量超过20页，其中有的是在学校完成，有的是作为家庭作业完成的。大多数学生报告说他们阅读的东西越来越少。"可以负责任地说，对于那些学习潜质好的学生，现在的学业标准没能对他们形成挑战，这些挑战本是他们能承受或应该承受的。"博斯说。

南佛罗里达大学数学教育教授、同时也是美国数学教师协会理事的格莱迪斯·凯尔森对这一最新发现并不感到惊奇。她说："我们低估了学生。推进更高标准，且学生愿意去达到那些标准，这表明他们已经作好准备在数学课堂上迎接挑战。"格莱迪斯·凯尔森表示，希望这能成为一个动因促使教师说"是的，我们正在正确的轨道上前行"。

曾经是一名课程负责人，现为佛罗里达州立大学英语教育教授的雪比·威特表示，现行标准化测验限制了教师能够覆盖到的材料。"课程缺乏批判性思维和创造性思维，"她说。随之带来的结果是，学生"有可能感到厌倦，且当他们感到厌烦时，他们认为课堂教学太容易"。

07. 美国中小学课堂并不自由

深圳市教育研究院蔡金花博士 2014 年随团在美国培训，其间纽约市圣文森山学院组织参观了多所中小学校。回国后她向笔者讲述了她眼中的美国中小学课堂。

走进美国中小学课堂，我们看到学生或者围坐在老师跟前，认真听老师讲课，或者组成学习小组，热烈讨论完成老师布置的任务，似乎每个学生都完全沉浸在老师的教学当中。这与我对美国自由课堂的刻板印象并不相符，难道美国课堂并不像我们想象中的那么自由？是的，美国课堂确实不自由。

培养具有法治精神的公民，正是美国学校教育的目标之一。学校是一个小社会，对于学生而言，学校、课堂规则就是法律，要求学生遵守学校和课堂的各项规则，正是培养学生法治精神的重要途径。

教育学生遵守学校、课堂规则，首先必须要有明确具体的规则。规则的作用在于，让所有人知道自己可以做什么，不可以做什么。纽约市每个中小学教室，都会在门口或者教室前面贴上课堂规则，这个规则是由学校和教师遵照纽约市教育的相关规定而制定，不同学校、不同班级的课堂规则略有不同。例如，幼儿园的规则包括听老师讲、举手、分享、尊重等。

小学三年级课堂规则是尊重教师和同学、发言先举手、离开座位需要得到允许、认真听指挥、保护和尊重学校的财产。这些规则明确具体，符合学生的实际能力，容易执行。据观察，教师陪伴学生在校的每时每刻，学生参加活动、吃饭、转换教室都由教师安排，学生不能随意活动。课堂规则，实质上也是学生进入社会后必须遵守的社会规则。学生遵守课堂规则，随着时间慢慢内化为个人的观念和习惯行为之后，自然就会遵守社会规则。

在美国，学生旷课或者迟到是一个困扰学校的大问题。纽约市教育局规定，学生旷课累计达 20 天，将不能够毕业，以示惩罚。在课堂上，教师有权处分违反纪律的学生。

2011 年 9 月，纽约市教育局修订了 2008 年的《全市纪律和干预措施标准》文件，为中小学惩罚违纪学生提供了新的指导，学校可以根据学生年龄大小和违纪的程度，对照《全市纪律和干预措施标准》采取相应的措施。如果学生违反课堂纪律，在程度较轻的情况下，教师可以让他坐到教室角落或者教室外面，与其他学生分开学习。程度严重的情况下，教师可以让学生离开教室，到学校专门设置的教室学习。如果学生继续违纪，屡教不改，学校可以做出让学生回家学习的惩罚措施，甚至可以向学区学监汇报，将学生转移到纽约市专门设置的学习中心接受教育。这些严格的规定，有效地保障了学校和课堂教学的顺利进行。

然而，美国的中小学生又是相当自由的学生。美国法律的前提是法无禁止则自由，只要不触犯法律，公民就享有极大限度的自由。在美国课堂上，只要学生不触犯课堂规则，学生就能享有极大的学习自由。例如，学生如果认为自己完全掌握了教师讲授的知识，或者认为自己能够挑战更高难度的知识，他们可以要求教师单独辅导或者自己独自学习新内容，不参与到集体学习之中。学生也可以选择自己感兴趣的内容，向教师和学校提出要求，学校会根据需要为学生开设选修课，并请专人进行辅导。

遵守规则，才能最大限度地实现自由，这是美国社会发展的宝贵经验。这一经验，同样适用于学校。在羡慕美国中小学校课堂自由之余，不妨多观察美国学生是如何遵守学校和课堂规则的，尤其是那些内化为学生习惯的规则。

08. 美国学生因新统考"压力山大"

据美国《纽约时报》报道，近日，随着纽约州新统考的临近，纽约市部分学生家长联名申请孩子就学学校的校长将学校近期举行的科技节活动推迟。家长认为，孩子们既要准备科技节，又要备战即将来临的州统考，这会增加压力。

在纽约市布朗克斯区第24公立学校，一位教授五年级学生的教师——沃尔特·雷顿在指导学生凭借深呼吸缓解10岁至11岁孩子参加模拟统考时的紧张情绪。

应该说，纽约市公立学校的学生和其家长已完全适应了过去纽约州所组织的标准化测试。但今非昔比，统考前压抑的气氛笼罩在全市中小学教室里，今年全市中小学生将要参加他们闻所未闻的一种不像一般考试的考试。这些统考试题经过专家重新编制过，而且要求更加严格。新的州统考新就新在其内容有可能覆盖一些新课程标准中的材料。

据报道，纽约州组织新统考，意在将考试方式与内容的变革与全美跨州共通核心课程标准接轨，而该课程标准已几乎被每个州所采用。该标准设定了更加严格的教学目标，主要聚焦在批判思维技能培养，以及在阅读理解和数学中培养学生的抽象推理能力。

纽约州是组织研制与新核心课程标准要求相匹配并实施新统考的几个州之一。2012年，肯塔基州率先将新核心课程标准的相关要求编制进了该州统考试题中，结果学生考试分数急剧下降，这一点已引起了纽约州的关注。

据悉，就纽约州新统考中的英语学科而言，将增加更多的写作和更具挑战性的阅读节选，其中许多节选文章来自古典文学作品或非小说类文学作品。有时考生需对所选章节内容做较大篇幅的回答和分析。对于数学学科来说，虽然考查点较之以前少了一些，但测试包含了更复杂的数学问题。

尽管共通核心课程标准全新，但许多纽约市学校还是要硬着头皮采用它，具体包括阅读材料、课时计划和习题等与之进行对接。虽然教材还没能完全配套，但纽约州和纽约市教育官员在去年就敦促教师开始尝试将新课程标准中的一些"元素"纳入到日常教学中，政府已在官方网站上为教师提供了可供参考的教案和辅导材料。教师们认为，尽管师生都在州新统考前做了大量准备工作，但今年学生的考试分数与去年相比将要下降。

纽约州教育委员会总监迪莎对推出新的统考表现出积极支持的姿态，她认为原来的考试变得越来越容易，不足以考出学生的真实水平与能力，大多数纽约州高中毕业生未能达到上大学的学业标准。她补充表示，纽约州不能再等了，要通过新的统考来了解学生成功之处与把握在什么地方需要给他们提供帮助。

事实上，纽约市就实施共通核心课程标准耗费了一亿多美元，其中包括培训教师，建立落实核心课程标准实施的机构组织，支付教授和评估新实践专家的费用。纽约市还打算花费5000万美元用于开发与研制与新课程标准配套的教材。

从统计数据角度而言，纽约市教育官员提示人们不必对学生考试分数下降而感到忧虑，因为大家参加的是同一考试，对每个学生来说都是公平的。统考分数将只起到在学校、学生和教师之间进行相互比较与进行甄别的作用。

09. 多元综合评价在美、日

多元综合评价是指不单纯采用标准化测验，而是采用多种途径，在非结构化的情景中评价学生的一系列评价方法。其中主要是"另类评量"。另类评量是指，由各种不同于传统标准测验的手段，来获得学生学习表现的所有方法与技术。它不是以单一的多项选择方法，而是以观察、记录、让学生完成作品或任务、团体合作计划、实验、表演、展示、口头演说、检核表等多种方式进行评价，不是从单一的考试背景中，而是从广泛的背景（从教室到家庭到社会生活）中收集信息；收集到的信息也不是单一的对试题反应的信息，而是在多种智力活动中如言语、数理逻辑、视觉空间、身体动作、音乐、人际和自我等显示出来的各方面表现的信息。多元综合评价强调评价方式的多元化、评价主体的多元化、评价内容的多元化。多元综合评价常见的方式有：实作评价（performance assessment）、变通性评价（alternative assessment）、档案袋评价（portfolio assessment）、真实评价（authentic assessment）等。

多元综合评价的研究发轫于 20 世纪 90 年代，在美国陆续出版了有关多元评价的专著，诸如：艾伦·韦伯（Ellen Weber）所著的《有效的学生评价》（*Student Assessment That Works: A Practical Approach*），该书体现了当前中小学学生评价改革的一些新趋势。本书作者将多元智力理论、人本主义、建构主义学习理论、标准化测验理论等有机地用于学生评价实践中，作者明确提出"将评价作为学生主动学习的一部分"，从而在评价的目的上突出了其促进学生发展的功能。

在评价的内容上，以多元智力理论为基础，阐明了通过评价促进学生全面发展的途径。在评价方法上，提倡根据不同的评价目标，应用成长记录袋评价、真实性评价、小组合作评价等多样化的评价方法。在评价的反馈方面，作者提倡通过设定恰当而明确的评价目标，并利用有针对性、具有改进作用的评语发挥评价的导向作用，从而更有效地对学生的发展予以激励和导向。在本书中，作者认为，学生本人、同伴、教师、父母以及社区都是评价的重要资源，都应充分发挥不同人在评价中的积极作用。在美国还出版琳达·坎贝尔和布鲁斯·坎贝尔（Campbell, L. & Campbell, B.）合著的《多元智能教与学的策略》（*Teaching and Learning Through Multiple Intelligences*），该书旨在提供多元智能理论在教室情景中的实践应用方法，还提出了指导班级评价的原则，介绍了多元智能评价的方法并建立了评价日程表。2001 年，华东师大出版社翻译出版了涉及学生评价的《学生表现评定手册》（*The Performance Assessment Handbook*），该书提供了遍布美国许多学校的教师所使用的各种表现评定方式，如："档案袋评定"（portfolio assessments）、"苏格拉底式研讨评定"（Socratic seminars）等，目的在于为有志于探索新的评价方式的教师提供一种实际的指导、一种操作层面的思考。此外，台湾心理出版社和远流出版社分别出版了李崇坤所著的《多元化教学评量》和大卫·拉泽尔（David Lazear）所著的《落实多元智慧教学评量》（*Mutiple Intelligence Approaches to Assessment*）。

20世纪90年代以来，基于多元智力理论的多元综合评价在世界许多国家和地区的中小学生评价改革中得到实际应用，尤以美国、日本等国运用最为广泛并富有成效。在美国《国家科学教育标准》中提供的评价方法除了纸笔测试以外，还包括平时的课堂行为记录、项目调查、书面报告、作业等开放性的方法。在美国多元综合评价被广泛使用，为培养学生的一些重要而复杂的技能包括研究技能、交际技能、口头技能、文字表达技能、操作技能、论辩技能、观察技能、创造技能、探究技能和思维技能等，通常采用口试与答辩、短文与论文、过程叙述反应题、综合分析解释题、作品与方案设计、档案历程分析、实验操作等进行评价。

美国各著名高校在录取学生时不仅要求学业成绩，通常还要求学生提交一份短文（选题通常极具开放性）、有关人士的推荐信，并要求面试。美国不仅注重评价学生的知识、能力等学业成就，而且注重评价学生的态度和参加校内外社会活动的积极性，更重视评价学生适应社会需要的程度。

纵观美国目前中小学生评价的发展趋势，正朝着以下几个方面发展：①测验使用强调教与学的功能；②鼓励教师用标准参照测验；③能力倾向测验强调学生的学习能力，成就测验朝向更复杂的学习结果；④实施多元化评价与使用变通式评价；⑤从个别评价转变成团体评价；⑥提倡领域参照测验的编制方法。

美国学者对多元综合评价进行了较深入的研究，并把研究的成果运用于中小学实践，取得了初步的成果。美国中小学生评价注重评价方式多元化、弹性化。具体体现在不排除使用纸笔测验，而是降低纸笔测验的比率，加重其他方式的比率，弹性运用各种评价方式来适当评价学生。

为全面落实多元化、弹性化，他们善用行为、技能检核表，多用情意、态度评价表，系统运用教室观察记录，善用卷宗评价各科教学，鼓励撰写参观报告，善用发表活动，多用撰写专题报告，多用游戏化评价，纳入情意或情绪评价，着重各科"质化"评价。另外强调评价人员多元化、互动化；评价结果解释人性化：多鼓励、多支持、评分重视评价历程，不只看评价结果、善用报告或作品发表、展示等其他质性评价形式、欣赏富有创造力的答案。

随着日本学生学习指导要领的不断修订，新的学力观催生了评价观的变化，这种变化表现在从评价的内容到方式均体现学生的主体性，注重学生对学习情况、参与活动表现进行自我评价。以定期考试为中心的相对评价基本废除，代替的是单元测验和以检测学生理解知识程度的小测验，评价的方式由教师和学生共同确定。

另外一个变化就是学生选拔的方法更加多样化、选拔尺度多元化，各都道府县积极推行推荐入学；调查书和学力检定比重设置弹性化；充分发挥调查书在评价中的重要作用；面试的大量运用；等等。

还有一个突出的变化表现在学生成绩评定方法上，大多数学校都采用5分制或10分制。从成绩册的内容看，更多的学校为了纠正偏重"学科成绩"的作法，而体现"全人"的特点，成绩册对学生的评价包括出勤、身体健康、学习成绩、行为和性格、特别活动、标准测验成绩等，改变了过去只反映学生的成绩和出勤状况的面貌。

现阶段，日本学生评价改革的趋势是学校要求教师要根据文部省颁布的学习指导要领中的学习目标分类，对学生的学习成果进行评价，教师更多地关注发展性目标和情意性目标的评价，因而比较多地注重使用现场观察、行为记录等定性评价的方法，另外还采用小论文、实验操作、实际生活观察、测验对不同情景的反应、自我评价、问卷、面试、事例研究等方法进行评价。

此外，美、日等国中小学生多元综合评价采用最多的评价工具主要有：评价量表、检核表、轶事记录评价等。简要介绍如下：

评价量表：指一组用来作为判断依据的行为或特质，即能指出学生在每种属性中不同程度的量表，可用以评价学生的学习态度、策略与兴趣，或人格、情意发展状况。评价量表主要适用过程评价、成果评价和对学生诸方面发展的终结性评价。评价量表有很多种形式，一般分为数字评价量表、图示评价量表和描述图表评价量表。

检核表：依据教学或评价的目标先将学生应有、可观察的具体特质、行为或技能依照先后发生的顺序或其他逻辑规则逐一详细分项，并以简短、明确的行为或技能描述语句来条列出行为或技能标准，后请检核者（包括教师、家长或学生）就学生的实际状况依序勾选，以逐一评价学生行为或技能是否符合标准。检核表主要适用于评价动作过程、操作程序或解题历程。它能提供学生行为的详细记录，让学生充分了解自己的行为或技能状况，并诊断有待改善之处。

轶事记录评价：教师对学生活动的观察中所获得的有效事件的真实记录。轶事记录评价通常作为评价佐证资料，而非评价的唯一依据。轶事记录最大的优点主要在于它描述的是自然情境中的实际行为，对于描绘学生最本质的行为特性可能有重要的帮助。

10. 美国父母在家教授小孩理财课程

据美国纽约市政府官方网站报道，在每年新学期开学前夕，即在学生返校前大量购买学习用具的黄金时节，美国消费者事务部都要为学生家长提供在家教授小孩理财课程，该课程提供了很多有趣的活动，寓教于乐。

美国消费者事务部为学生设计开学前的理财课程并非其首创，而是受美国总统财务能力咨询委员会所开发的一个名为"钱为你成长"的项目所鼓励。消费者事务部所提供的课程覆盖至从学前教育到高中不同层次。

美国有关专家认为,教会孩子如何管理钱财、如何为未来存钱与如何规避债务越早越好。

据悉,美国父母在家教授小孩开学前理财课程主要内容包括"需要的与想要的物品"、"价格比较"、"存款"和"预算与贷款"。

在 "需要的与想要的物品"教学计划中,家长在与孩子一道购物的过程中,首先要教会孩子确定与区分出哪些是上学时的必需品,而哪些又是孩子自己想拥有的物品。家长要把好关只允许孩子在想拥有的物品中购买一到两件。

在"价格比较"教授中,家长带领小孩到不同的商店货比三家,看哪家的文具物美价廉就买哪家的。

在"存款"教学时,家长首先指导小孩确认他／她上学所需要的一件物品。比如,双肩背包或运动鞋,然后鼓励他／她为购买此物品自己存钱。只有当他／她自己赚到或存到足够的钱才允许购买。为鼓励孩子存钱,家长也可考虑为孩子提供他们所存钱相对应的另一半。

在"预算与贷款"讲授中,家长要在小孩购物前和他／她一道做好购买东西的款项预算。指导孩子学会计算在银行贷多少款到时需要支付多少利息。

11. 美国中小学课堂重数理教育

据美国《教育周刊》网站报道,近期,美国国家教育统计中心(NCES)一项新的分析数据新鲜出炉,此数据关乎美国与世界其他国家在教育质量方面的较量。分析数据显示,美国35个州八年级学生的数学和46个州八年级学生科学成绩优于与之进行比较的其他国家或地区平均水平。

据报道,近日所公布的美国联邦教育报告,全面展示了美国学生所具有的高成就学术能力，诸如马萨诸塞州、明尼苏达州和佛蒙特州，其学生的数学成绩优于除 5 个国家或地区之外的其他参加测试的 47 个国家，而列前三甲的分别是韩国、新加坡和中国台湾地区。

同时，此分析数据也揭示了美国部分州学校的"短板"：阿拉巴马州、密西西比州以及哥伦比亚特区，其学生的数学成绩为全美最差，意大利、立陶宛和匈牙利这几国的数学成绩高于美国平均水平。

上述这些成绩的比较与发现均来自美国国家教育统计中心所做的研究。该研究的数据取自美国各州八年级学生 2011 年参加、由美国国家教育进展评价中心（NAEP）所组织的测试成绩。研究者用此成绩通过数学模型来预测美国除九个州之外的其他州的学生在国际数学与科学教育成就趋势调查（TIMSS）中的成绩表现。2011 年美国仅有九个州参与了国际数学与科学教育成就趋势调查测试。

据悉，像此次所做的关联性研究美国研究者以前也曾做过，但通常所做的研究是基于 NAEP 和 TIMSS 两种考试不在同一年份而所做的交替性研究。2011 年，正好赶上 NAEP 和 TIMSS 两种考试在同一年进行，因此，美国教育研究人员首次就同一年举行的两种不同测试开展了关联性研究。

据分析统计数据，总体而言，仅有国外的 10 个国家或地区的数学或科学整体平均成绩超过美国。在科学学科中，全球前七名其中包括美国的三个州。得分最高的是新加坡，其次是马萨诸塞州、中国台湾地区、佛蒙特州、韩国、日本和新罕布什尔州。

据了解，TIMSS 的分值从 0 到 1000，500 分为国际平均水平。学生必须得分 400 分才能进入"低分"的范畴，达到或高于 475 分为"中等"成绩，550 分或更高被认为是"高分"。得分 625 分或以上被视为"优秀"。可惜的是，没有一个国家或州的数学或科学成绩平均分达到了"优秀"的范畴。就数学而言，美国几乎所有的州都扎堆在"中等"成绩范畴，而在国际上，更多的国家处在"低分"和"中等"成绩位置。

美国与其他参加测试的国家相比较，数学平均分居"高分"范畴的国家或地区要多于美国。美国只有马萨诸塞州的数学入围"高分"层面。其他位居"高分"行列的国家或地区分别是：韩国、新加坡、中国台湾、中国香港和日本。这五个国家或地区要高于马萨诸塞州，有的国家或地区要比该州高出 52 分之多。

美国只有阿拉巴马州的数学平均分属"低分"类别，但仍高于其他 19 个国家或地区。在国际上，其中有 17 个国家或地区处于"低分"的位置，还有 6 个国家或地区位居"低分"以下，其中包括加纳和摩洛哥。

其实，美国学生的科学成绩要优于数学成绩。其中八个州达到或超过"高分"的范畴，它们是：缅因州、马萨诸塞州、明尼苏达州、蒙大拿州、新罕布什尔州、北达科他州、佛蒙特州和威斯康星州。世界上也只有五个国家或地区达到此水平，它们分别是：新加坡、中国台湾地区、韩国、日本和芬兰。

"我们开展此项研究，是要让人们知道在美国受教育的学生要接受国际标准检验是如何的重要，"美国国家教育统计中心专员杰克·巴克利在一份声明中说，"我们发现，美国大多数八年级学生在数学和科学学科具有相当竞争力，其竞争力的预测来源于与世界各地的同辈所进行的比较。""然而，我们领先的州还是落后于成绩顶尖的国家。即使是美国最厉害的马萨诸塞州，在数学和科学成绩上，还需努力与表现最好的国家竞争。"

实际上，美国在未进行此关联性研究之前，国际数学与科学教育成就趋势调查结果仅仅反映了参加此测试的美国九个州的学生成就表现，也只能就这九个州与其他 40 多个参与此测试的国家或地区进行比较，而关联性研究可以得到一个完整的报告数据，包括所有 50 个州的预期表现，当然，哥伦比亚特区、美国国防部学校概莫能外。

美国关联性研究的具体研究方法：一是将 NAEP 分数置于 TIMSS "模型"进行换算预测；二是使用参加了 TIMSS 测试学生的分数来预测那些没有参加此测试学生的分数；三是通过"编织"某种考试小册子，这些考试小册子曾经被参加 NAEP 或 TIMSS 学生使用过，考试小册子内容涵盖来源于这两种测试的考查项目。

虽然此次关联性研究只聚焦于八年级，但 TIMSS 测试也考查了四年级的学生。美国学生在 2011 年的 TIMSS 考试中的表现超过国际平均，其成绩从 2007 年以来迄今为止，有了明显的改善与提升。

华盛顿布鲁金斯研究机构学者汤姆·洛夫莱斯，一直跟踪国际数学成就研究进展。他认为，此关联性研究"强化了我们已经知道的东西"，特别是美国各州学生成绩之间所存在的惊人差距。

"我们有的州表现很好，得分位列世界上最好的国家之一。我们也有的州成绩很差，差的程度如罗马尼亚和亚美尼亚这样的国家，"他说，"同时，此研究通过与世界其他国家进行比较，让美国决策者和教育者知晓了自己国家所存在差距的范围。"

"它使我们能够将各州的差距置于国际背景中，"洛夫莱斯先生说，"对于那些认为教育越来越成为全球可之进行比较的流通'货币'的人士来说，了解我们在国际上所处的位置是何等的重要。"

12. 暑假活动：美国、以色列学生的"另类"课堂

据美国《基督教科学箴言报》网站报道，2014 年，美国最新一项有关学生暑期活动安排的家长调查表明，虽然 83% 的家长说，在今年暑期学生所有活动中，阅读非常重要或极度重要，但仅有 17% 的家长表示，阅读是最重要的暑期活动，而为孩子安排"在户外游玩"的家长比例达 49%。

据报道，此项调查由位于华盛顿的一个非营利性名为"阅读是根本"（RIF）的文化组织机构进行，调查了 1000 名 5 至 11 岁小孩家长。此项调查显示，尽管家长非常看重小孩的暑期阅读，但与"在户外游玩"或"荧屏时间"进行比较，阅读退居于第二的位置。

接受调查的父母亲们说，去年暑期，他们的小孩每周平均花在阅读上的时间是 5.9 小时，与之形成对比的是，花在户外游玩的时间接近 17 小时，看电视的时间是 11 小时，近 7 小时花在了打电子游戏上。

"许多家庭把阅读比喻为和吃蔬菜一样,对身体有好处但不必是佳肴,""阅读是根本"机构负责人卡罗尔·拉斯科在讲话中说,"阅读是最好的假期。它会带你至你从来连做梦都没想过的地方去,对孩子们来讲,尤其暑期是一个绝佳的可以浸泡在他们自己喜欢的主题中的时间。"

据以色列《耶路撒冷邮报》网站报道,伴随着以色列各级学校 2012—2013 学年结束,逾两百万中小学生和幼儿园儿童与近 146000 名教育工作者一道开始了他们长达 10 周时间的暑假生活。

以色列教育部日前宣布,今年暑期将启动一个由教育部、教师、各地当局与非政府组织(NGO)合作实施的名为"连轴转教育者项目",旨在为学生暑期提供一系列丰富多彩的具有教育意义的活动。

据了解,这些系列活动具有相当的开放性,适合从幼儿园到十二年级所有儿童和学生参与,其中包括体育比赛、青年营、实地考察旅行、各种表演、聚会和通宵开展的项目等。

以色列教育部达利特·斯道拜厄局长告诉《耶路撒冷邮报》记者,"放假铃声响起并不意味着教育的结束,"事实上,此项目是教育部门对所有学生全年负责的一种新的表达。"我们想让孩子们感受到对他们的关爱,同时也希望他们认识到学校所教给他们的知识与教室外的生活也是戚戚相关的。"她补充道。

斯道拜厄指出,在正式实施此项目之前,以色列教育部曾号召学校就假期如何管理好零花钱、如何安全使用互联网等话题与学生进行了充分的讨论,并为暑期生活做好了充分的准备。

以色列教育部要求教师在暑假要按照他们自身的意愿继续与学生进行交流,还鼓励从事幼儿教育的老师在假期给他们的学生派送卡片。

源于"连轴转教育者项目"所开展的系列活动和实施的行动计划,意在"保障孩子们不会闲着,确保暑假将给他们带来一个愉快的经历,"她说。

有意思的是,孩子们在学年末领取到他们的成绩报告卡时,他们也获取了包括免费参观博物馆、免费观看各种表演的赠券。

据悉,来自于教育部的志愿者和非政府组织成员将和青少年一同乘坐巴士到以色列南部城市艾拉特旅行，"与他们交谈如何将巴士旅行的经历效益最大化，同时避免身陷危险境地"。

以色列教育部还将组织阿拉伯与犹太学生间的聚会，还包括俗人孩子与极端传统犹太教孩子之间的聚会。

以色列教育部一个专门负责为今年整个暑期活动提供心理服务的部门发表声明说："暑期是孩子们生长、发展和短暂远离学校学习而进行休闲的美好时光；暑期将给孩子们提供更多参与直观学习与自发学习的机会。"

13. 英国将竞技体育纳入课堂

据英国《每日电讯》网站报道，为使奥运圣火能在英伦三岛生生不息燃烧，在 2012 年伦敦奥运会闭幕之际，时任英国首相卡梅伦郑重承诺英国政府将尽最大的努力为每位小学生开展竞技体育活动创造条件。

根据英国政府相关计划，每位小学生都必须参加有竞争性且需要相互合作的运动项目，以此助力确保英国军团在今后的奥运会中再创辉煌。

卡梅伦做出上述承诺是源于英国近 2000 所小学没能向学生提供参加竞技体育活动的机会，且在另外的 10000 所小学中，近半数的学生不参加任何竞技体育活动。

此前，英国《每日电讯》在全英发起了"永葆奥运圣火熊熊燃烧"运动，借此来帮助学校恢复竞技体育的活力，鼓励人们充当学校运动俱乐部的志愿者。

此届奥运会冠军，英国的女子七项全能选手杰西卡·恩尼斯和铁人三项运动员阿里斯泰尔·布朗利表示支持《每日电讯》发起的这项运动。卡梅伦对发起此项运动表示赞赏，他说他将要求英国教育部修订相关体育课程，以此来保障学校竞技体育活动开展常规化。据悉，英国新的体育课程将于今秋公布。

卡梅伦说："我想利用本次奥运会中的典范来引导在小学中力促竞技

体育的复苏。我们需要摒弃'一切都为了获得奖牌'的落后文化，取而代之的应是让学生从小开始就参与和享受竞技体育所带来的快乐，把学校竞技体育与运动俱乐部有机结合起来，这样学生就可追逐他们的梦想。"

英国新的体育课程将更注重要求学生参与竞技体育项目活动和"在持续的时间"内对身体体能提出更加激烈挑战的活动项目。

卡梅伦还希望年长些的学生能参与各种项目的比赛，以期能发现自身最擅长的体育特长项目。英国政府期盼伦敦 2012 年奥运会将促进英国体育文化转型，以此来引导在社区中开展更加广泛的体育俱乐部活动和体育比赛。

英国政府还希望鼓励更多的教师主动参与指导学生开展校外体育活动。时任英国教育大臣迈克尔·戈夫想赋予校长更加灵活的教职员薪酬分配权。一位英国政府消息灵通人士说："我们想使教师的薪酬分配更具弹性，其出发点就是让学校有足够的资金奖励那些乐意为课外体育活动做出贡献的教师。"

第五辑

寻变：立德树人

教育寻变，"立德树人"是落脚点。纵观教育发达国家在育人方面的实践与探索，共同的特点就是坚持培养未来的公民这一核心价值观，秉持"爱在细微处，严在当严处"的育人理念，通过营造良好的育人环境，凭借组织开展学生喜闻乐见的体验活动，塑造"好男孩"与"现代淑女"。

学生的手机管理，是世界上不少国家众多学校所面临的共同难题。美、英、德、日另辟蹊径，在讲求人性管理的同时，更注重智慧管理。可以说，为帮助我们管理学生手机使用打开了"另一扇窗"。

在"树人"的过程中，如何让学生在规则与自由之间找到最佳平衡点，美国、新加坡的实践为我们提供了可资参照的经验。在他们看来，规则意识的教育要从娃娃抓起，要贯穿到教育教学活动的细节中。他们深谙没有惩罚的教育是不完整的教育。

０１. 澳大利亚：塑造"好男孩"与"现代淑女"

近些年来，笔者有幸出访国外考察不少中小学校，但给我留下深刻印象的要数 2005 年暑期访问的两所澳大利亚学校——一所男子学校，一所女子学校。在受教育权方面，世界各国都强调男女平等，男女合校接受教育是全球普遍的做法，为什么在澳大利亚还要实行男女分校教育呢？是同样遭遇了"男孩危机",还是为了刻意培养"女汉子"?抑或是为了防止男女同学非正常交往?带着以上种种疑惑,我怀着好奇的心情走进了这两所学校。

　　当地时间下午一点半,我们一行慕名来到了位于澳大利亚塔斯马尼亚州府霍巴特市的赫钦斯男校(The Hutchins School),前来迎接我们的是副校长巴里·艾恩斯(Barrie Irons)先生。我们惊奇地发现,这是一所没有校门的学校——仅是在学校外墙的显眼处镶嵌了一块刻写着"赫钦斯中学始建于 1846 年"的字牌,设计简洁而典雅,却能让人感受到其中蕴含的历史与文化的厚度。果不其然,据介绍,作为一所百年名校,该校教育质量上乘,且特色明显,可谓当地乃至全澳大利亚学生都趋之若鹜的品牌学校。

　　进入校园之后,首先由校方的住宿生管理负责人带领我们参观了宿舍楼。宿舍楼由红砖砌成,红色代表温暖,让人感觉到这是一所暖洋洋的学校。整个宿舍楼宽敞明亮,既是学生起居与休息的场所,也是学生学习、娱乐、交流切磋的家园。仅有 60 名住宿生的楼里,既有台球、国际象棋等娱乐设施,厨房也特别大,装饰还很特别。总之,宿舍楼的整体设计给人以家一般温馨的感觉,让学生沐浴在处处受到关爱教育的阳光雨露之中。接着,学生代表带领我们参观了校园。一路可以看到,从外观到内部装饰、颜色搭配,校内的各处场馆都特色鲜明,包括粉刷成不同颜色的内墙、设计特别的灯具。

　　在参观过程中,所见到的以下四个方面,有的让我感到新奇,有的促我思考,还有的让我眼前突然一亮。一是校内占地面积很大的木工房里,摆放着各类刨床、车床、木锯等,几名男生正在刨床上专心制作着自己心仪的"产品"。二是该校科学馆内,可以看到天花板上印有恐龙进化的年代图表。三是该校游泳馆外墙的瓷砖上,印有学生们的各种自画像或手印,张扬着他们的个性,令我不禁想起了遍布星形奖章的好莱坞星光大道。四是艺术室里,摆放着学生们自己设计的模型;排练房里,不少小型乐队在此练习;礼堂中,还有学生在进行戏剧表演。

　　借助学校宣传片与课件,该校副校长艾恩斯向我们详尽介绍了该校的办学特色与课程设置，并表示这些都是围绕"塑造好男孩"的办学使命而展开的，而该校的办学愿景正是：为每个孩子提供励志教育，助力他能够做到最好的自己。作为一个积极的公民，他乐意致力于为他所在的社区、当地、全国乃至全世界服务。学校的使命，即是合力打造支撑型的学习共同体，培养男孩性格。

根据男校的特点，该校提出的办学目标是：建设成为一所被社会高度认可的男子学校，为学生提供成为他们最好的自己的机遇，促进他们成长与发展成为当今与未来社会中的好男人。具体而言，就是要极力培养"四好男孩"，即：正直——好男孩坚守道德和伦理的原则，诚实，受人尊重；怜悯——好男孩善良，行为举止具绅士风度，展现出同情与宽容的品质；谦逊——好男孩自信，表达自己意见时态度谦虚，但不会轻视自己的重要性；勇气——好男孩有胆识、有决心，能依据信条与道德伦理做到个人行为自控。

以课程、活动等作为主要载体，为了达成培养"四好男孩"的目标，该校对课程实行个性化设置，即：在义务教育阶段，学校提供必修课程与选修课程，每位学生（包括一—六年级的初级[Junior]和七—九年级的中级[Middle]）的选修课程可选择3门，比如艺术、手工、设计等；在非义务教育阶段，学校则仅提供选修课程，每位学生（即十一—十二年级的高级[Senior]）可选择4—5门（学校提供了40多门课程供学生选择）；此外，还设有活动课程，比如体育运动、校外活动等。

为了让我们对该校提出的塑造"四好男孩"的办学特色有详尽的了解，副校长艾恩斯特地以九年级学生入读指南为例，向我们做了非常细致的讲解。学生在入读九年级前，要认真学习学校制定的入读指南。该指南共提出了十七条对学生行为举止期待，例如：期望学生穿着与仪表要达到一定水准；要对自己的学习负责；要对自己的行为负责；要尊重自己和尊重他人；在家每个晚上要完成一小时的学习任务。在个人看来，从心理学角度来讲，这其中对学生们提出的积极期待，或许比所谓的"几不准"或"多少条禁止"，有着更积极的育人价值与意义。

该入读指南上，还要求学生实践义工服务，其划定的校内服务场所主要是宿舍和学校（校园、图书馆、餐厅），校外服务场所则是社区，提倡学生开展有创意的义工服务，譬如义务植树、献血，帮助邻居孤寡老人，参与家庭护理，开展街道清洁等。

　　入读指南还格外强调，要强化学生领导力的培养，要求学生通过参与挑战性的活动，和其他同学通力合作，全面展示自己的领导才能。具体来说，就是要求学生通过申请担任一定职责，运用自己的智慧与创意来创造与发展自己领导力的机会。并且，在活动过后，每名学生都需独立完成个人报告，报告的评价涉及九个方面，其中就展示出自己宽容、灵活、可靠、怜悯的品质等。

　　课程是实现培养目标的蓝图，该校九年级学习指南要求学生学习的必修课程包括：澳大利亚学习（Australian Studies）、英语、数学或日常数学、科学（国外的科学课程包括物理、化学、生物）、项目（The Project）、健康。同时要求学生在体育表演、中文、设计制作、戏剧技能、法语、游戏制作、媒体艺术、音乐、个人投资、视觉艺术与媒体中，根据自己的志趣与爱好选修四门。此外，还有两门专门设计的选修课（可能只为九年级开设），推荐部分学生选修，一是英语作为一种附加语言或方言（English as an Additional Language or Dialect），二是"奋力向上"课程（Power Up）。

　　据介绍，为培养男子汉的性格与特征，该校还专门为学生设计了一系列的挑战学生智力与体力等方面的户外拓展活动，给予他们机会去参与一些可控但需要有冒险精神的活动，并要求他们作为团队的一分子学会有效合作——可以看出，其目的便在于对学生的可塑性、耐性、解决问题能力、智谋、团队合作能力、独立能力等的培养。

　　该校还非常注重学生的体验与探险。体验包括一系列的实验性学习活动，以及围绕它们构建而成的一些主题，例如生活技能、领导力、个人管理、价值观形成、环境保护意识等。探险则包括准备、参与、评价与庆祝四个阶段。以一个名为"孤岛生存"的挑战活动为例，学生们将面临的是：他们需要独立做好生存准备，而后结伴到达一个位于塔斯马尼亚州海岸线上的孤岛上，凭借着自己的努力和团队的合作，解决大家的生存问题。这样的活动，既考验了学生的智慧，也考验着学生的问题解决能力等。

7月28日下午，在当地人艾莱克斯（Alex）先生带领下，我们来到了同在塔斯马尼亚州府霍巴特市的圣迈克尔女中（St Michael's Collegiate School）。还没等我们进入校园，该校一建筑物上挂满的多国国旗首先引起了我们的注意。走近校门，我们发现，大门左右的墙壁上分别刻有如下字样——我们的使命是：建立学习共同体，崇尚多样性，追求卓越，通过营造创造性与挑战性的环境，为了学生的今天与明天而做准备。我们学校是一个安全的社区，学校所要做的事情，就是激励与强化学生在精神、智力、体力和社会交往能力诸方面的发展。

接待我们的是该校副校长考利·法雷尔（Cawley Farrel）女士，她陪同我们考察了该校的高中校区。这一校区容纳了大约800名女学生，面积不是很大，但教育教学设施先进齐备。

徜徉在该校校园，我们感觉到学校任一角落都为学生提供了挑战性的学习项目，营造了良好的学习氛围，提供了有保障的支持系统。例如法雷尔女士带领我们参观的艺术楼：数间画室里都有学生在作画，音乐坊里设有单独房间供学生练习，手工坊的墙上满是学生的作品，小礼堂还有戏剧班的学生在排练……

此外，我们还发现，不同于我国中小学专门开辟有校史展览（陈列）室，该校选择了将学校所获荣誉的锦旗、奖牌、奖杯等陈列在学校对外接待室——在此，既可向客人介绍学校的历史、现状、特色等，又让能客人直观地了解到该校所取得的办学成果，可谓一举两得。

值得一提的是，在该校所展示出的办学成果中，几乎没有学生考试成绩这一项，而是更重于特色，主要展出了学生们在艺术、体育、社会实践、辩论大赛等方面所取得的骄人成绩。

听着法雷尔女士的介绍，我回顾起参观校园时所看到的一个情况——学生几乎都是在上艺术、音乐等课程。难道这所学校就不重视考试科目课程学习吗？我因此提出了想要观摩一下考试科目课堂的请求，而后得以体验了一堂十年级学生的历史课，耳目为之一新。

　　一进教室，便可发现学生的座位摆放恰似一个"口"字形，而历史老师就倚靠在被"口"字围住的一张讲桌上侃侃而谈。学生们时而高高举手，时而据理争辩。她们的表情都显得投入而专注，将课堂当成了自己头脑风暴的阵地。可以看出，在这样"群言堂"的课堂上，学生真正成了学习的主人。对于培养学生的表达能力、批判性的思考能力、组织能力等方面来讲，都是大有裨益的。

　　很明显，圣迈克尔女中非常重视艺术、音乐类课程学习。那么，其学生的考试成绩又如何呢？我斗胆向法雷尔女士发问，她以 2013 年为例，娓娓道来，向我们进行了介绍。

　　据介绍，以某一年为例，该校有 19% 学生高考成绩（Australian Tertiary Admission Rank）分数超过 98 分，位列全澳大利亚的前 2%；52% 学生高考成绩达 90 分以上，排在全澳大利亚的前 10%；77% 的学生高考成绩逾 80 分，在全澳大利亚排名居前 20%。除此之外，该校还有 17 名学生在参加塔斯马尼亚大学（澳大利亚四大历史名校之一）"高水平项目"活动中，因为拉丁语、德语、日语、音乐、设计等学科取得了优异成绩，从而被该大学提前录取。

　　法雷尔女士还主动告诉我们，该校除学生学业成绩一流之外，还以其运动水平最引以为傲。该校开设或提供有 30 多门类的体育课程或运动项目，成立多个运动队，曾有不少学生代表了本州或国家参加国内或国际的垒球、曲棍球、足球、划船和水下曲棍球等项目的比赛，均取得了骄人的成绩。

　　为什么圣迈克尔女中能"文武双全"？究其原因，还是在于其明确的办学目标定位、先进的理念设计、个性化的课程设置等因素。该校明确提出，要打造学习共同体，注重培养学生独立自主的性格以及全面发展的能力，致力于培养新时代的英式淑女。

　　该校创立于 1892 年，是当地家喻户晓富有盛誉的寄宿女校，为年轻的女性们提供了一个在学术的氛围下集体生活的机会。介绍中，法雷尔女士多次提到，学校崇尚多样性，提升学生创造力，尊重差异；充分开发学生潜能，让学生做最好的自己；激励创新，鼓励自治，但要对冒险负责。该校把体育运动作为课程整合的重要因子，为各类水平与兴趣爱好者，无论是竞技项目还是非竞技项目，均提供发展的无限空间。

不仅如此，在学业、运动、体力、创造力、领导力、志愿者活动等各个方面，该校也都会积极为学生们创造、提供具有挑战机会。例如，通过开展青年议会、演讲比赛、学术会议、学术研讨等社团活动，提升学生的领导力；通过为每个学生定制的课外活动课程，为她们提供体验式学习，培养她们的解决问题能力、社会交往能力；还尽力搭建使学生与自然环境形成一种有意义联系的平台，培养她们批判性思维及对社会负责的能力，赋权学生做出自己明智的决定……如此种种，都助力其学生成长为当下及未来的"女汉子"。

考察完赫钦斯、圣迈克尔两间学校，定格与储存在我脑海里的是那些学生们所表现出的一种特有的气质：自信、阳光、青春、活力、礼貌。他们和她们的一笑一颦、举手投足，都表现出了独特的高素养和高品位。赫钦斯的男生，一个个风度翩翩，充满阳刚之气，真算得上是谦谦君子；圣迈克的女生，一个个柔中带刚，尽显现代女性之风采，可谓是名副其实的现代淑女。诚如印度著名哲学家克里希那穆提所言，教育的目的，并非制造学者、专家、寻找工作的人，而是培养完整的男男女女。的确，学校就是培养学生做人的地方，而赫钦斯、圣迈克尔这两间学校在教会学生做人方面，细微之处便已显功力。

在这两所学校，我们既没有看到"高大上"的德育口号与标语，也没有文字化的学风、教风和校风介绍。初步梳理这两所学校培养学生学会做人与做事方式，我认为，他们的异曲同工之处就在于：都是对校园文化、课程、校内外活动等因素进行整合，在不断丰富与拓展德育的内涵与外延、让德育理念随着时代的变化的同时，不放松对学生的国际视野、领导力、冒险精神和团队意识培养的重视——显然，他们十分明了，这些素养或品质，才是当代与未来社会，作为合格公民和高素质人才所必须具备的。

其次，这两间学校都非常注重设计多元、开放、包容的校园环境，最大限度地发挥校园文化在学校教育中的各种功能。他们深谙，校园文化对学生的影响具有潜移默化性与暗示性，所以他们采取渗透的形式，通过多样化的造型、色彩及空间表现形式，把育德贯穿于整个校园文化建设中。用苏联教育家苏霍姆林斯基的话说，就是努力使学校的墙壁也在说话。

　　学校建筑肩负着教育的使命，象征着某种精神和理想，在一定程度上可以陶冶身心，涵养性格。就这两所学校而言，值得称道的是，他们的建筑设计都是以人为本，营造出一个能满足学生"学习"为主的空间环境。无论是学校图书馆、艺术楼，还是学生公寓、体育场馆，处处都充满了生活化、人性化色彩。校园里还设有专门的展示橱窗，陈列着学生们平时进行各类体育比赛和艺术表演的精彩照片，鼓励与昭示后生以"先辈"为标杆，做到卓越与超越。

　　"场室"文化是学校的"表情"，在潜移默化或润物细无声中引领与影响学生的成长。在赫钦斯，为鼓励高年级学生与低年级学生进行正常交往与沟通交流，该校还专门开辟有打破年级班级界限、供学生间相互交流的特别教室，教室的墙壁上悬挂有如下的横幅：我们的"伙伴"是：领导力、学习、尊重、交流、友谊、分享、支持、好玩、理解。这种高年级与低年级的"大手拉小手"活动，充分发挥了高年级学生的引领作用，让他们互相之间彼此接纳，如兄弟一般融洽相处，而不是以大辱小的欺凌。

　　这两间学校实施男女分校教育，可能是传统所致或文化使然。他们依据男女不同性别在思维方式、学科强弱、举止行为等方面的差异，基于培养好男孩和"女汉子"的总目标，实施个性化培养、定制式培养，以便让他们和她们今后在社会、在家庭中扮演不同的角色，从此意义上说，这两间学校都做到了因材施教。

　　这两间学校经过长时间的实践与探索，形成了一整套育人理念与做法，尤其在培养好男孩与"女汉子"方面。当然，在向他们学习时，我们不必一定要模仿分设男子学校与女子学校的方式，历史的经验告诉我们，合校教育同样也可以做到培养现代与未来所需的男子汉与淑女。但毋庸置疑，这两间学校的育人理念与一些做法，是值得我们思考与借鉴的。

⓿2. 国外管控学生使用手机有道

学生携带手机等电子产品进入校园影响学生学习，是世界各国教育管理者共同面临的难题。

纵览海外，尽管各国国情不同，文化迥异，但在治理学生使用手机方面却有共通之处，梳理起来，主要的做法有：一是通过国家或地方立法做好禁止学生携带手机进课堂的顶层制度设计；二是通过制定易操作、易检验的禁止学生在课堂上使用手机的刚性校规；三是通过学校与家长的正确引导，在自由和秩序间保持平衡，允许学生在学校有条件地使用手机。或许国外的一些成功做法能有助于我们打开管理学生使用手机的"另一扇窗"，也许能助力我们探寻到真正解决中小学生"手机问题"的新路径。

迄今为止，比较而言，英国对学生携带手机进校园管理最严格，主要采取立法的手段进行管理。据英国《每日电讯报》网站报道，英国教育标准局已于 2012 年宣布，禁止中小学生携带手机进课堂，这是英国教育部门发起的改进学校纪律运动中的举措之一。

英国教育督查主要负责人迈克尔·威尔肖爵士表示，课堂经常被搅乱的主要原因之一是学生使用手机，这种课堂乱象局面必须整治。在回答媒体的采访时，这位前校长透露，英国教育标准局已从 2013 年秋季起开始在学校实施一项更加严格的督查制度。根据这项新的制度，如果学校未能遏制课堂上学生利用手机发短信、接听电话或上网，学校将被教育督查部门记载并问责。

在英国还未正式实施禁止学生携带手机进课堂之前，英国中小学管理学生手机使用主要依靠制定严格的校规来进行规范使用。全英最好学校之一的里丁肯德里克学校校规规定，带到学校的手机必须关机，并且在校期间不可以被老师看到。学校不对类似物品的安全负责，责任需要学生自负。

目前，美国、德国和法国管理学生使用手机主要通过制定严格的校规，对学生在校使用手机进行刚性的约束。美国大多数学校允许学生携带手机上学是出于安全考虑，但同时规定，除非是非常紧急情况下，大多数学校是禁止学生将手机带进课堂的。为了有效治理学生使用手机，美国有一些州的学校都制定有《学生手册》，其中内容包括手机使用规范。对学生必须遵守学校手机使用相关规定，家长必须签字以督促学生遵照执行，但近年来，美国出现了校园使用手机管理松动的迹象。

2014年秋，美国《教育周刊》杂志曾预言，作为全美最大学区的纽约市所辖学校，将解除学生使用手机的禁令，现已成为了事实。

据美国当地媒体《加斯顿公报》报道，2014年初，马里兰州乔治王子县公立学校的教育管理人员采取了一项新的有关手机使用政策，即允许学生在校时间在某些情形下，可使用便携式电子设备。

"当手机第一次出现时，第一反应是限制。他们现在开始看到这项技术，如果使用得当，可以是一个很好的教育工具。"乔治王子县家长教师协会主席欧内斯特·穆尔告诉媒体。

譬如，学生可以在课堂上使用手机寻找完成家庭作业的相关信息或通过手机应用程序（APP）完成数字化测验。

具体说来，美国教师管理学生课堂手机使用的策略有二。

策略一：制定让学生心悦诚服的手机使用规则。课堂上，在允许学生使用手机之前，教师应向学生阐明对他们使用手机的期望。

"你应设置一些何时何地允许使用或禁止使用手机的规则和条条框框，以此来和学生共同订立一种契约。"密歇根大学临床助理教授丽兹·库伯说，她曾经为教育工作者撰写过课堂手机使用指南。

教师要做到这一点的方法就是使用红绿灯的方式，她说，教师应将红色、黄色或绿色的标志贴在教室门上，以便让学生立即知道他们可以在哪天使用手机。专门从事促进礼仪教育的艾米丽波斯特学院，为学生提供有免费下载的手机使用礼仪小贴士，教师可以在课堂上展示给学生观看。

策略二：教给学生"后果前置"的手机使用思维方法。教师可给触犯手机使用规定的学生立这样的规矩，这种规矩类似于成年人在会议中偷偷

"刷屏"而被当场"抓现"后将面临什么样的后果。

后果之一可能是要求触犯者在教室里向每个人道个歉，库伯说，虽说只是道歉，但对于青少年来说，这可能是件特别尴尬的事情。

"但这件事情也在提醒他们，让他们意识到他们正在做的事情是粗鲁的，它分散了课堂上其他同学的注意力，这是不好的，"她说，"然而，教师应该让学生明白这将会是一个在事情发生之前的后果。"

亨特，是一位有着三个孩子的妈妈，她说大多数青少年都知道如何恰当地使用手机，但有时也会想打破规则。"调控这件事很难，"她满脸无耐地说，因为那里有源源不断的诱人的新信息。

据报道，美国总统奥巴马夫妇非常支持两个女儿的学校有关使用手机的规定，玛利亚只有在周末才可以使用手机，尽管两姐妹都拥有电脑、iPad 等，但是不允许违反学校规定携带手机上学。

在德国，学生不可以自由在学校内使用手机。虽然各州没有明文法律规定不准学生在学校使用手机，但各中小学制定有禁止学生使用手机的校规。学生只可以在紧急情况下使用手机，且使用前需经过老师的同意。如果老师发现学生在校使用手机，将被没收。被没收后的手机一定需要家长来学校亲自领取，无论是第几次违规使用，均需家长亲自来校领取。家长如不来领取，手机将不还给学生，直至学生毕业后方可由学生本人到学校领取。

法国中小学同样不准学生上课带手机。为了防止学生上课玩手机，每个班都设有类似超市存包柜的手机存放格，学生们在课前自觉把手机关机，放到写有自己名字的存放格内。一旦发现学生上课使用手机，老师会立即收缴。

在允许学生携带手机进校园方面，可能日本做法比较人性化。为指导好中小学生正确使用手机，日本文部省和各地教育委员会都定期开展学生使用手机调查统计，调查对象除学生以外，还包括学生家长。

可以说，在引导学生科学与合理使用手机的问题上，日本学生家长发挥了重要引导作用。全日本家长教师协会（PTA）发布的 2011 年度有关学生使用手机情况调查结果显示，65.7%的小学五年级学生家长认为学生配备手机"不必要"；小学五年级学生手机持有率达23%，比前年增长3.1%；初中二年级学生手机持有率达45%，比前年增长4.8%。这个调查数据告诉我们，日本中小学，尤其是小学和初中，学生拥有手机量是偏低的，携带手机进校园的数量也相对较小，这给日本中小学教育管理者治理"手机问题"减轻了负担。

以上国外做法我们不能盲目照搬，但却带给我们一些启示，完全禁止学生携带手机到学校并不可取，完全采用"堵"的方式来治理"手机问题"也无济于事。

如何管理好学生在校园使用手机等，除要求我们教育工作者具备相关法律知识外，更需要我们历练出管理的大智慧。其实，严格管理与人性化的管理彼此并不相悖，关于学生手机的使用，只要我们肯想办法，完全可以寻求到既有利于学校教学管理，又有利于尊重和保护学生合理使用手机权益的两全其美的解决问题之道。

()3. 安全教育：国外的实践与经验

面对发生在学生身上的自然灾害、人身伤害、性侵害等，国外大多数国家和地区均采取了积极应对措施，通过把安全教育上升到国家层面予以高度重视；通过从娃娃抓起，培养幼儿和学生的安全意识；通过组织开展各种体验式的安全教育演练；通过构建呵护幼小生命的"防火墙"等举措，收到了较好的效果，值得我国学习与借鉴。

美国人认为，安全教育是学校的重要责任，在解决学生安全问题方面，学校有着得天独厚的优势。2010年3月，奥巴马政府提出，将学生安全教育置于重要位置，承诺为进一步保障学生安全，优先构建新的安全教育模式。

每年的5月25日，是美国人的儿童安全教育推广日。1983年，为了纪念一个失踪的孩子，美国政府将5月25日定为"失踪儿童日"，提醒民众"孩子的安全是全国之重"。后来，一个叫 Take 25 的公益组织成立了和警察局、社区等进行合作的机构，在全国大力推广孩子的安全教育。美国红十字会设置专门的网站推广"灾难演习"课程计划。

美国将安全意识培养渗透到学生的全部生活中，包括学校、家庭和社区。在数学课上，有学校运用国家和地区安全委员会所提供的事故统计数据，对学生进行运算方面的教学，学生不仅学会了计算方法，还通过事故计算增强了安全意识。

美国马里兰州巴尔的摩市的学校通过开展安全竞赛活动，培养学生的安全意识。该市每年举行一次安全教育竞赛，开展竞赛的初衷就是鼓励学校进行安全教育，增强师生的安全意识。一年一度的竞赛在每年3月中旬开始到5月中旬结束。竞赛委员会通过审查各所学校举办活动的成效，并从中评选此项工作做得出色的学校为优胜者。

美国中小学安全演练主要分为三种：消防演练、校园关闭演练和恶劣天气演练。消防演练主要内容为：老师指挥学生沿指定的线路撤离大楼，到达指定的集合地点（路线和集合地点都是预先设定的）；校园关闭演练，强化如果危及生命的情况即将发生，要求学生立刻逃离到一个安全的地方；恶劣天气（如飓风之类的）演练，重在训练学生们在最短时间内集中到指定的安全地点，如没有窗户的房间、卫生间、储物间以及没有大门大窗的走廊等。

每年9月1日，是日本"安全防灾日"，在当天，日本政府会组织包括学生在内的全体国民参与防火、防灾演习项目。

日本教育界认为，小学是最适宜进行安全教育的时期，因为儿童最易接受安全指导并转化为行动，并养成良好的安全习惯。如果错过了这个关键时期，将会在孩子今后的人生中留下极大的隐患。

为培养学生的安全意识，日本从幼儿园开始就教给学生一些安全教育的常识，诸如：不要走行人稀少偏僻的道路，上学、放学要结伴而行，与陌生人打交道保持应有的警惕，不要跟不相识的人走，不许学生单独一人玩耍，不许学生单独一人乘电梯等。

在日本，学生上小学之前的学校说明会上，学校一般会反复强调应该怎样保证孩子上下学的人身安全。同时，还请来警察介绍当地的交通状况，讲解易发生交通事故的地段。学校还让家长们带着孩子事先走一走上学的路，检查一下上学的路上可能存在的安全死角，从交通和刑事两方面，消除安全隐患。

日本避难演练循序渐进，寓教于乐，强调内容细化，凸显真实体验，形成了一整套行之有效的防灾避难教育体系。正如旅华学者加藤嘉一在其博客中写到的那样："我们从小学直到高中，每个学期都要参加各所学校和地区举办的各种防灾训练，经历了 12 年。假设学校有突发事件发生，我们该怎么办，第一做什么，第二看哪里，第三怎么办。至少训练过 30 多次，不经思考也明白该怎么应付"。

眼见为实。2007 年，我国央视《岩松看日本》节目组亲历了东京都目黑区东山小学举行的例行防地震演习。据该节目介绍，学校是在不通知全校师生的情况下，进行的一次全校范围内的防灾演习。该校副校长久保荣说："这种演习有的时候是上课的时候搞，有的时候是下课的时候突然搞。"

当天防灾演习的时间定在上午的 10 点 10 分。那时，除了三年级两个班的学生在上体育课外，其他学生都在教室里上课。按照预定时间，副校长久保荣开始通过扩音器向全校发布地震警报：全体师生注意了！刚刚接到地震警报，我们所在的城市有地震的情况出现，请大家马上做好避难的准备！做好应对的准备！

听到地震警报后，二年级四班的老师马上下达躲避的口令，学生迅速钻到了桌子下面。一年级四班的教室里，代课男老师马上停止上课，并且指挥学生们迅速钻到课桌下面，等待老师的下一步指令。节目组发现，所有的老师和学生在听到地震警报后，都用最快的速度避难，而从听到地震警报到实施避难，都是在 1 分钟内完成的。与此同时，防火演习总指挥——久保荣副校长又下达了因为地震已经引起火灾的警报，教师里的学生们在老师的带领下，马上向操场的空旷地带集合。节目组发现，学生们开始排队往操场集合，这些孩子头上还带了一个帽罩，主要是用于防烟火。

很快，所有的学生都整齐地聚集在了操场中央，校长樱桥贤次总结了这次防火演习的情况。就这样，一场毫无准备的防火演习在短短 5 分钟内就完成了。

在这次防灾演习过程中，让节目组惊叹的不仅是全校 1000 多名师生在 5 分钟内全部集合完毕的速度，还有他们在整个过程中始终如一的安静、沉着以及良好的秩序。白岩松在现场采访了几位小学生。"当地震发生之后，你应该做什么？"学生甲说："首先我要保护自己的脑袋，然后注意周边有没有火，如果有火，先要灭火。"学生乙回答说："我觉得如果发生火灾的话，通常都是吸进去烟才昏倒的，所以不要站着，而是要爬着出去。"白岩松又问道："如果真的要遇到这样的灾难，会不会害怕？"学生丙很镇定地说："因为我们平时经常做这样的训练，所以发生情况时，我只要按照平时训练的要求来做就可以了，所以我不怕。"

据日本《读卖新闻》报道，日本文部科学省在深刻反省因大地震导致众多儿童、学生和教职员工不幸遇难后，于 2012 年首次编制了《学校危机管理指南》，此指南主要基于大地震发生地的具体事例等，分"震前"、"发生中"和"震后"三个阶段，全面推介了学校危机管理的对策。

日本东京都在指导学校和学生开展安全教育方面开展了有益的实践与探索。2006 年，东京都教委向都内学生发布了安全教育指引指导书，内容主要有：安全教育目标、安全教育推进策略、安全管理、事故发生应对策略。此外，还对中小学各阶段学科中如何渗透安全教育，以及如何在特别活动、综合学习时间等进行安全教育进行详细规定与提供有效指导。

2013 年 3 月，东京都教委发布了最新《学校危机管理手册》，主要内容涉及学校安全计划制定，学校安全教育的内容，其中包括防灾教育、紧急避险演练、预防不法分子入侵校园、传染疾病的预防等。今年 5 月，该教委又向学校配发了最新版《安全教育规程》，篇幅长达 113 页。内容丰富，实践性非常强，从学校安全计划制定，到课程如何实施都有指导意见，还提供了从小学到高中不同年级涵盖生活安全、交通安全、灾害安全、避难训练的大量实践案例。从计划、实施、到评价形成"三位一体"，具有很强的指导与操作性。

近年来，东京都教委在都内学校推行以下三大领域的安全教育：生活安全教育、交通安全教育、灾害安全教育。强化教师对学生"日程安全指导"、"定期安全指导"和"特殊情形下安全指导"。此外，东京都教委还在都内学校推广安全教育试验学校，主要在学生预测危险与规避危险能力培养方面进行大胆试验。今年，东京都共有 12 所学校（从幼儿园到高中）被选定为试验学校。东京都教委表示，希望这些试验学校能在安全教育课程设置、安全教育实践和避难训练方面做出尝试，以期将这些学校的经验推广至东京都其他学校。东京都教委还在今年推出了最新版在小学和初中使用的防灾教育辅助教材，此举意在提升学生对自己安全负责和对社会安全做出贡献的资质与能力。

为保护学生安全，日本对学校及周边进行"全副武装"，在学生上学、放学路途、儿童公园等地，安装紧急时刻用的红色灯、响铃、有线通话装置和报警用的摄像机等。东京都某区为区内所有的小学和幼儿园配备了警棍、催泪喷雾器和钢叉等。绝大多数学校都建立起了完备的防范录像监视系统，充分发挥其预警与防范的作用。

日本中小学都为学生配备有效的联络与防范的通讯工具，常见的有：利用 IT 机器，监控学生上学、放学途中的管理系统；给学生配备可以随时显示其所在位置的 GPS（全球卫星定位系统）联络装置，如遇不测，一按联络装置就能够马上知道学生在何地遇到了危险。

德国是一个教育以州为单位高度自治的国家，因此各州对安全教育的设置略有不同。总体来说，安全教育是渗透到中小学教育甚至是幼儿教育的过程之中的。学校会通过不同阶段的课程设置及实践机会来教给学生们基本的安全知识。最早在幼儿园时，学生就会被安排参观警察局、消防局等，观察他们的工作，了解如何报匪警及火警。警察们也会告知学生们如何处理遇到坏人的情景，如何躲避火灾或如何灭火等常识。

从三、四年级开始，德国学生们会接受正规的道路交通安全教育，包括道路交通规则及自行车骑行安全等。过程一般是老师先讲解，然后让学生完成相关的家庭作业，最后再进行实践活动，并给予评价。有些德国学校会让学生在体育课或其他运动及对抗类的游戏过程中提高学生的自我防卫能力，也让他们在游戏中学会如何遵守规则和尊重他人。

在教室里，学生们很兴奋，想象自己在驾驶，当老师用马来文说"向左转"的时候，大家快速地完成这个动作。这是常出现在马来西亚吉隆坡市洗都志文化小学一年级马来文课的情形，这看似只是让孩子玩乐的课程，却可以让孩子学习到宝贵的交通安全常识。

俄罗斯自 2005 年开始就在一些地区实施学生配备身份识别牌的制度，身份识别牌中标识了学生姓名、指纹和家人资料等，因为选用了军用材质，因此任何情况下，识别牌中的信息都会保存良好。

为保证学生人身安全，韩国政府设立了"儿童保护区域"，将交通违规行为发生于中小学主要出入口区域半径限制在 300 米以内，否则将处以双倍罚款。

04. 美国怎么处理逃学的孩子

据报载，为防范学生逃学，美国德克萨斯州制定有"逃学法"，该法规定，学生在 6 个月内不得无故缺课超过 10 次，包括全天及半天，而且一个月内不得有 3 次缺课。如果违反此规定将会受到相应处罚。

另据美国《世界日报》综合报道，美国德州休斯敦一名十一年级亚裔荣誉高中生，因为两次未准时到校上课，被当地法官判处坐牢一天、罚款100 美元。

据悉，这名越裔高中生不但功课好，而且半工半读，供哥哥上大学，还要照顾幼妹，"实在累坏了"。此事见诸媒体后在美立即引发极大同情。

报道援引休斯敦电视网站消息指出，当地法官摩瑞阿提表示，他上个月在法庭当面警告 17 岁的陈黛安（音译），不得再无故缺课。但因陈黛安最近又缺课，因此法官发出传票，命她出庭应讯，并当场在法庭上将她逮捕。

但陈黛安说，她有全职，又有兼职工作，选修大学先修课程。她说，她经常因为太累，早上无法准时起床，以致来不及上课，有时候，她到校时却已经点过名。

陈黛安说，她要工作赚钱，支持在德州农工大学就读的哥哥，还要养活住在休斯敦亲戚家的小妹妹。她的父母亲"突然"离婚，而且都已不住在休斯敦。她在法庭上含泪说："我一直认为我们的家庭很快乐。"

陈黛安的同学、"同事"及朋友希尔说："她每天在一个工作场所下班后，又匆忙去打另一份工，然后利用晚上的时间读书，直到清晨7时。"

近日，全美爆发了对陈黛安遭遇的同情，更是批评法官摩瑞阿提不食人间烟火，固守法条。

"法官，你要不要自己试试，打两份工，照顾妹妹，再同时功课都拿A？""监禁陈黛安的原因，就是因为她家太穷，要养活自己与家人，法官大人，这不叫逃学，这叫责任。"

面对指责，法官表示他是依法判决。看完以上报道，一般我们都会指责美国法官的不谙人情。在美国，因两次未准时到校上课，既被判处坐牢又被处以罚款的案件也许是特例与个案，在我们看来如此判决过于严厉甚至荒唐。我们会追问：为什么美国制定很久的法律不以人为本、与时俱进，适时进行修订或废除？为什么美国的法官不谙人情，在法、理、情三者中找不到最佳平衡而固守法条刚性执法？

其实，假若我们仔细考量其背后的东西必定有其渊源，在此不是笔者要追寻的重点。至少有一点是值得肯定的，为防止学生逃学，这样刚性的惩罚规定及法官的依法判决，其出发点是完全没有问题与瑕疵的，它们都是为了保障学生受教育的权利。美国教育法律一方面强调保护学生合法权益，但同时对违反相关法律规定"严惩不贷"到让常人不可理喻。看似矛盾，其实里面渗透与蕴藏着美国教育的法治精神："法律至上"，"违法必究"。

学生缺勤现象在美国非常普遍。为防止学生缺勤，各地教育委员会大多数情况下都以学业处分来惩戒学生的缺勤行为。美国各州《学校法》都有关于"出勤"的专章法律条文，佛罗里达州《学校法》中关于学生"出勤"

的相关规定达 8 页之多，内容涵盖"出勤记载及报告"等。

在美国，学生因缺勤受到相应惩罚而诉诸法律是很常见的。在伊利诺伊州的一起案件中，学校规章规定，在一门课程之中，如果学生没有正当理由，每缺一节课，其该门课程的学习成绩就要降一个等级。为了为这一规章的合法性辩护，学区管理者指出，针对严重的旷课问题，对旷课学生予以学业处分是最恰如其分的惩罚措施。有的学区政策甚至规定，无论学生缺勤是否得到批准，只要存在缺勤事实，都要对缺勤学生处以相应的学业处分，对此做法，不少法院也持支持态度。

在另一起案件中，康涅狄格州最高法院对学区关于惩罚学生缺勤的学区政策做出了支持性判决。该学区政策规定，在一门课程之中，如果学生未经批准擅自缺勤，每缺勤一次，其该门课程的学习成绩就要扣除 5 分；如果其累计缺勤次数超过 24 节课，则不能获得该门课程的学分。

解决学生严重旷课问题是美国许多学区共同面临的问题。据美国"今日美国"网站报道，来自霍普金斯大学的教育研究者罗伯特·巴范兹所作的研究显示，美国逾 750 万名学生学年逃学时间长达 1 个月。全美有 10%—15% 的学生"长期逃学"，处于一种"严重冒险"的缺课状态直至辍学。

从趋势上看，美国各地教育委员会将继续对学生的缺勤行为处以学业处分。至于各学区的政策是否合法，则往往取决于在使用州法对此所做的司法解释。

○5. 美国、新加坡：行走在规则与自由之间

有幸在美国中小学考察交流，总体印象就是美国学生的规则意识非常强，其实，这也是和美国社会包括学校所倡导的，无论是作为公民还是学生，在法律法规和一定的规则约束前提下，拥有一定的行事自由度。

我们在考察中发现，美国中小学生无论课堂、参加大型活动，还是课间换教室、上校车等，极少有交头接耳、嬉戏打闹、搞小动作的现象，每

一个活动区域都是安静、有序的，每一个学生都懂得发表看法前要倾听别人的发言。即便是小学生，也无须老师的提醒和监督，便会在上完手工课后自然地收拾好课堂用工具，把垃圾带走，这些都是平时训练有素的结果。学生从幼儿园开始，就要接受遵守一定规则的教育，学生在日常的耳濡目染中渐渐形成了遵守规则的习惯。

　　与我国不同的是，美国中小学各种规章和注意事项的提醒均指向明确。有的小学，水池旁贴有科学洗手的图示；每层楼梯的每一个台阶上的右侧都贴上了一个可爱的小脚丫，提醒学生右行。这些规则和要求都非常具体，操作性强，又润物细无声，让孩子随时感到正确的行为要求。

　　就拿学生的日常行为规范来说，美国中小学行为规则有以下三个明显特点：

　　一是规则的适切性。譬如，何时使用洗手间都制定有规则。这是一所小学所制定的洗手间使用规则：

　　——First thing in the morning.（到学校后所做的第一件事情）

　　——During snacks or breaks.（在吃零食和课间休息期间）

　　——When you finish your work.（完成功课之后）

　　——During recess.（休息期间）

　　——Before and after specials.（在特别活动的前后）

　　——When you finish packing up.（收拾好书包准备回家前）

　　——Immediately after directions-emergencies only.（仅有听到突发事件指令立刻使用）

　　二是规则的指向性。这是一所美国学校的走廊须知（Hallway Procedures）：

　　——尊重；

　　——责任；

　　——安全；

　　——荣耀。

　　三是简明扼要、易操作、易检验。比如，一所小学就制定有如何倾听的规则：

Rules：How to listen to speaker？（规则：如何倾听他人说话？）

——Mouths close.（闭嘴）

——Ears listen.（耳朵听）

——Eyes on speaker.（眼睛凝视讲话者）

——Body still.（身体静止）

——Hands free.（手不动）

有的学校还在教室里张贴有说话声音大小的规则，要求学生在不同的场景说话声音大小应有不同，此规则就是：The Volume of Your Voice Should Be（你发出声音的量应该是）。在此规则中规定了学生说话应遵守的共有 5 级音量，譬如：0 级音量：安静无声，适用于静止做事、训练、听指示或教学时间在走廊时；1 级音量：轻柔低语，适用于开会期间……

美国加州圣塔莫尼卡高中为防范学生上课迟到，该校制定有"迟到学生在禁闭室领传票"的校规。每天值班副校长在学校大厅恭候迟到学生来领取禁闭室传票（detention citation）。"传票"一式三联，学生要凭此票，征得教师同意才能进入课堂学习。

同时，"传票"还重申了学校的规定，明确了迟到学生的"职责"，即第一，在接到传票当天或第二个学习日送交传票；第二，按照规定时间准时到指定地点报到；第三，配合监督执行者的工作，否则你将被认定"不讲诚信"；第四，通知家长自己必须到达禁闭室的原因；第五，如果没能按照规定送交传票，将被责令星期六必须到校报到.迟到的学生表现在这"传票"上签名，并署名日期。传票使用绝对是纯粹的法律用语，繁琐，但十分严谨。

新加坡学校以严明和刚性的校规来管理学生，日常行为有相当严格的要求，对学生操行有一套详细而具体的规定。

新加坡莱佛士初级学院用不同颜色的条规范学生的行为。比如学校规定，如果校裙的长度不过膝盖的话，学生将得到一张白色的警告条（white slip）。学生如果在大型考试结束前讲话，就算已经交了试卷，也会拿到一张白色的警告条。另外，诸如染发、不带校徽、不上大课等，也会被给予白色警告条。

学生拿到三张白色警告条，就会被换成一张粉色的警告条。拿到第一张粉色的警告条，校长就会邀请学生家长，到学校一起讨论改进学生道德品质的办法。

拿到第二张粉色警告条，学生的操行评定只是"合格"，无论该学生学业成绩如何优秀，有多少特殊才能，都不能得到任何机构给予的奖学金。

06. 英国：足球宿将呼吁开设"食育"课程

据英国《卫报》网站报道，效力于英国利物浦队的著名球星史蒂文·杰拉德和相关营养专家联手敬告时任英国首相卡梅伦，若砍掉对学生进行"食育"的课程，这意味着将给英国青少年带来一场"灾难"。

据悉，近日，史蒂文·杰拉德和他的队友正与相关医疗专家联袂呼吁政府把饮食与烹饪课作为5—14岁小孩的必修课程，至少保证年间24课时的学习时间，以此来防止中小学生患肥胖症人数的增加。

此外，利物浦足球队教练和英国皇家儿科和儿童健康学院院长特伦斯·史蒂芬森教授联名致信卡梅伦说，"伦敦奥运会已经被政府公布的可耻的肥胖症数据'玷污'了。"

有关专家表示，英政府通过立法改进学校饮食的营养标准取得了积极成果，但政府出台的政策与学生饮食的实际状况仍存在较大差距，许多小孩中午吃的都是其家长为之准备好的包括炸薯条之类的不健康食品。在给卡梅伦的公开信中他们还表示：导致学生肥胖的负面影响是显而易见的。杰拉德尤其关心生活在社会底层及经济贫穷社区的孩子们，因饮食结构不佳、营养不良以及缺乏体育运动给他们带来的不良影响。

其实，"食育"是英国国家课程"设计与技术"的一个部分，对于5—14岁小孩来说是必修课程。近来，英国政府正组织相关部门对所有国家课程各个方面进行评价。为此，杰拉德和他的团队十分担忧，唯恐教育部门借课程评估而取消饮食与烹饪教育课程。

07. 是感恩教育，还是性教育

2007 年，远在大西洋彼岸美国俄克拉何马州 Luther High School 就读高三的女儿在其 QQ 空间上写下了这样一篇短文：

不知道是前两天累着了还是怎么的，今天早上起来竟然忘记了周一轮到我当"孕妇"，在 7 点 45 分时突然看到手机上的提示，恍然大悟，提着书包就往学校赶，当然，还没有忘记找女主人（host mother）借一件大的衣服穿在外面。

到了学校后，到家政老师那里把整套装备穿好，发现真的很重，足足有 30 磅，近 15 公斤重。我就拖着重重的身躯，开始穿梭于学校的教室之间，足足当了一天的"孕妇"。说真的，我没有感觉到穿那个东西多有趣，行动极度不便不说，连我想趴在桌子上休息一下都极为困难，更不用说去上洗手间了。总之，弄的我很狼狈，因为衣服重的缘故脖子被勒得很疼。

哎，希望将来做妈妈的时候没有那么痛苦。要感谢我妈，做妈妈真累！

小孩就事论事，而没交代学校要求学生轮流做"孕妇"的初衷。我们不妨来对美国学校此举的意图做出一些假设。假设之一，这样做的目的在于让学生感受做妈妈"十月怀胎"的艰难过程，以此来让学生萌发对母亲及他人的感恩之心，是感恩教育的一种形式。假设之二，这样做的意图在于告诉学生婚前不正当的性行为会带来很多身心的痛苦，让学生体验做"孕妇"的痛苦，以此来警醒学生正确对待婚前不正当的性行为，这是性教育的一种途径。假设之三……

以上美国高中让女学生轮流做"孕妇"的活动设计给我们德育工作带来了一点有益的启示。德育教育应多给孩子创设一些情景与设计安排一些主题活动，包括各种体验活动，让孩子在体验活动中"悟"出一些道理，最终达到进行自我教育的目的。

08. 美国大学录取重"软件"

2007年某天一大早醒来打开电脑一查，女儿所申请的美国爱荷华大学所发的录取通知已出来了。过了两天一早醒来，上网发现纽约州立大学布法罗分校的录取通知来了。另外，所申请的俄亥俄州立大学和密西根州立大学两所大学在网上录取状态里显示：马上就可决定是否录取。

我们只给小孩申报了以上四所大学，从网上报名到寄相关材料到接到录取通知总共计三周时间，能如此迅速拿到录取通知超出我们的想象。

在为孩子选择大学时，我们有以下考虑的因素，概括起来有：一是学校整体的排名至少要在美国大学前一百位，在美国和中国都要有一定的影响，当然我们不是名次决定论和名校情结者。二是所选学校的专业在美国大学的综合实力也要相对靠前。三是所选大学的地理位置相对较好，不一定是大城市，但纯属乡村我们也会打折扣。如此选择的理由在于为孩子日后就业等考虑，当然也考虑其社会治安状况。相对而言，大城市更不安全。四是与大学地理位置相关的还有交通便利问题，如选学校比较偏远，往返国内交通不便也是大问题。五是选择学校还要考虑其气候问题，有的地方常年多雨（如华盛顿大学），有的酷热，有的寒冷至极，这都不太适合于学习与生活。最后，对于我们来说，最主要的因素就是学费问题，美国最好的大学大多都是私立大学，私立大学大都比公立大学学费高得多。基于此，我们所选择的学校一律都是公立大学，且学费是最便宜的之一，要不我们怎么供得起。

美国大学为啥如此快就有好几所学校要录取你小孩？这几所大学招生办人员我们一个也不认识，也不需要认识，认识也白费，美国就认它大学各自的录取标准与原则。我认为，美大学录取学生是原则性与灵活性的统一，无论是录取它本国学生还是外国学生。对于它本国学生而言，各学校都有录取学生的最低标准与要求，比如，高中期间学业平均绩点（GPA）要达到多少，在高中期间所修课程门类与学分数，高水平学校还有硬性规定的 SAT 或 ACT 的分数，这些就是所谓的原则性规定；灵活性就是学生在高中期间所参加的各种活动或竞赛的情况，包括你在学校及班级的排名，学校老师给你的推荐信，你在高中阶段选修了哪些先修课程（AP 课程）。假若你是运动健将，音乐天才等都为你录取与否增加筹码。美国大学录取，分数不是万能的，但没有分数也是万万不能的，但不是唯分数论。美国大学 SAT 或 ACT 考试由中介机构组织，一年可考六七次，学生在网上注册交费就可考试了，很多美国初中生就参加高考了。有一年，一美国学生同时申报了 19 所大学，结果收到了 18 所包括哈佛大学在内的大学录取通知，被誉为美国史上最"牛"的高中生。

对于外国学生而言，录取基本标准与本国学生是类似的。美国顶尖大学都要求国际学生提供 SAT 或 ACT 考试成绩，且也有最低标准与要求。另一些大学考量国际学生申请奖学金也要求学生提供 SAT 或 ACT 考试成绩。除顶尖大学要求提供 SAT 或 ACT 考试成绩外，其他相对较好的大学也要求提供 SAT 或 ACT 考试成绩，我女儿所申请的俄亥俄州立大学就要求提供 SAT 或 ACT 考试成绩，幸亏小孩这两项成绩都有。

对于国际学生的录取，美国大学要考察你在高中期间的成绩，尤其看重你在班级的排名。我小孩除给大学提供在国内成绩外，还提供了她在美国作为交换生读高三的成绩。在美国英语肯定不如当地学生，但理科包括数学绝对比美国学生强，所以小孩还获得了两项数学大奖。因成绩不错，GPA 较高，所以在美国读高三时在班级的排名靠前，为此获得了她就读所在州颁发的相当于我国"三好学生"的奖励证书，学校还破例给她颁发了就读学校的高中毕业证书。我想，这些"硬件"都是美国大学录取她时所看重的。

除了学业成绩，美国大学还看重学生在高中期间的课外活动或竞赛获奖等。小孩在国内高中也参加过一些活动，也有些小的奖项。在美国的高中，也参与了一些志愿者活动，也获过一些奖励，这些也是美国大录取时所看重的。

对于母语是非英语的国际学生来讲，要提供托福（TOFEL）或雅思成绩，美国大学主要是前者，各大学都有最低标准与要求，若其他条件都很好，英语成绩也合格，一般录取是很有把握的，但也要其他条件符合要求。如果英语成绩不够最低分数，有些大学也提供有条件录取。

有了亲历为女儿选择与申报大学成功的经历，应该说对于美国大学招录中国留学生有了一定的感性与理性认识。

○9. 英国拟将情色内容知识纳入国家课程

据英国《每日邮报》网站报道，日前，英国全国校长联合会争辩指出，现行英国小学孩童性教育指南已经过时，应让适龄小学学童了解学习情色内容，即把情色内容教育列入国家教学大纲，教授 10 岁以上学童有关情色内容的知识。

校长联合会声称，孩童生活在一个"情色的世界"，他们需要接受如何与情色这类事情打交道的教育。为此，小学教师需要对既存的事实做出回应，当下的孩童正从互联网上获取大量的与性相关的信息。

校长联合会表示，目前的性教育指南已到了"无可救药"过时的地步，它不能帮助正处于生长阶段的孩童解决其面临的现实问题，因为他们生活在一个"过度的情色世界"。

但另一组织，英国教师工会持不同的意见，他们认为，在小学阶段教授孩童情色内容的知识为时过早。

全国校长联合会的政策顾问希安·亨弗里斯在接受 BBC 电台 1 采访时指出，越来越多的年轻人在网上接触有关性的信息。他说："孩子们在一个'过度的情色世界'成长，很容易就能接触到情色内容。他们需要技巧来应对。老师们应该开设关于情色内容影响力的课程。我们会把情色内容的影响力作为国家课程中'个人社会健康教育计划'的一部分，支持以适当的方式教授适龄学童。"

亨弗里斯认为，此课程应在小学开设，课程内容依据年龄而定。

目前，英国教育部还没对此进行评论，但是表示学校可自主决定他们如何开设性教育课程。

据悉，迄今，提供性教育和恋爱教育的"个人社会健康教育计划"在英格兰还不是必修课程。英国高中有基本生理课，但是否提供性教育则由学校自主决定。

10. 日本：宿泊体验学习重在生存力的养成

在日本上越教育大学学习期间，曾参加过数种日本中小学生体验活动，但迄今印象特别深刻的一项活动，应是受邀参加由当地新井中央小学组织的宿泊体验学习活动。

记得某一天，大学留学生中心的渡边老师找到我，关切地问我是否愿意参加当地某小学组织的宿泊体验学习活动，出于好奇，我欣然答应。

为弄清什么是"宿泊体验学习活动"，在接到正式邀请函之后，我便到大学图书馆查找了有关宿泊体验学习活动的资料。

从相关资料中得知，日本已将这种体验学习活动上升到了法律的高度，日本的《教育基本法》、《学校教育法》都从不同层面表述"要促进学校内外自然体验活动开展，培养学生尊重生命、保护环境的态度。培养学生尊重传统文化，热爱乡土。"

日本中央教育审议会提出，要加强青少年的体验活动，要重视青少年的生活体验、社会体验和自然体验，要为青少年与地域社会各类人士开展交流搭建平台。

风和日丽的某一天早上，我们9位留学生和当地的11位青年志愿者陆续来到新井中央小学，在参加完该校简短的宿泊体验学习活动说明会之后，上午 9 点左右，我们和该校六年级 127 名学生和 9 名老师分别乘坐四辆大巴开启了三天两宿的体验学习之旅。

校方有意将我们留学生和当地的青年志愿者进行了"混编"，把我们分别安排在不同班级的大巴上，意在让学生和我们进行有效的沟通交流。在 3 个多小时的车程中，我们主动与学生们"搭讪"，开始时，孩子们还显得有点拘谨，经过他们老师的启发与调动，他们连珠炮似的对我们这些"老外"提出了一个个有趣的问题，我们一一作答。同时，我们也向他们了解有关他们学习、生活中的一些情况。孩子们在和我们聊天的过程中，逐渐学会了与陌生人进行沟通交流的技巧。

一晃，我们来到了宿泊体验学习活动之地：新泻县妙高市国立妙高青少年自然之家。初来乍到，我们一下子被如此优美的自然环境震撼了，孩子们个个欢呼雀跃。原来，妙高青少年自然之家位于上信越高原国立公园内，背靠享有"越后富士"美誉的妙高山，自然风景旖旎。

据介绍，国立妙高青少年自然之家，是一个独立行政法人、非营利性的国立青少年教育振兴机构，面向全日本，专门为青少年提供开展自然体验与交流体验活动的场所与进行专业指导。

还未走进自然之家的大门，首先映入眼帘的是自然之家的教育目标：通过集体同吃住与开展自然体验与交流体验活动，培养学生亲近、热爱自然的感情；培养学生遵守纪律、合作、友爱和奉献的精神；在自然环境中促进学生身心健康、培养学生自我实践、创造的态度与能力；培养学生基本的生活习惯与生存能力。

当天下午，自然之家为我们一行举行了简要的开班仪式。据工作人员介绍，自然之家住宿与开展体验活动的设备设施齐全，主要建筑与设施有：住宿楼、服务楼（学习室、事务室、保健室）、小型多功能体育馆、实习室、陶艺室、调理室、天文观察台、静思堂、篝火晚会广场、野外露营地和野外烹饪地等。

自然之家与周边市、町、村联合开发有 70 种以上的体验学习活动项目，供各地学校自行选择。体验学习活动主要分野外活动和室内活动，譬如，野外活动有：大自然观察、鸟类观察、星座观察、河流探险、河川环境调查、登山远足运动等。

开班仪式结束，学生们按照不同的主题分散到不同学习室展开学习。我所在的六年三班活动的主题是"妙高火山的过去、现状与未来"。按照学习计划，该主题学习的时间安排是室外一天，室内 4 小时。在来自然之家之前，学生们在学校就做了相应学习准备，查阅资料，分配学习任务等。在近 4 个小时的室内学习中，共分为四大板块，有学校专业老师的讲解；有自然之家专业老师的辅导；有我们留学生的穿插分享；更多的是学生间分组合作交流。

当天晚餐过后，我们几个"老外"和青年志愿者分别参加了各自所在班学生的自由活动，有的玩游戏，有的打球，有的聊天。接近晚上 8 点，学生们按照事先安排的顺序陆续在住宿处的日式大澡堂洗浴。晚上 10 点，学生按照分配 8 人一间卧室就寝。为了与我国住宿学生晚就寝情况进行比较，我趁学生就寝后，在他们房间门外多次来回"巡视"，没有发现学生讲小话与打闹的现象，一切显得秩序井然，鸦雀无声。

第二天一大早，学生们按时起床，进行简单的洗漱，按照规定摆放好洗漱用具、整理好床铺，小组合作打扫房间。随着一阵响亮的口哨声，所有学生齐刷刷地站在了静思堂前的操场上集合，学校副校长渡边老师一声令下，3 公里的野外拉练开始，学生们一路小跑，相互鼓劲，没有一个同学被落下。看来，日本学生从小开始就这样训练有素，难怪，在 20 多年前的那场内蒙古中日学生夏令营远足较量中，日本孩子表现出坚强的意志力与耐性。

按照体验学习计划，第二天的体验学习任务主要是在妙高山周边实地考察妙高山火山。学生们个个都是带着任务来考察的，有的拍照，有的相互讨论，有的采集火山喷发后的堆积物，待回到学校后进行化验，再写出实验报告。带队教师不时地给学生进行集体讲解与回答他们的问题，学生学习兴趣浓厚，体验至深。

第三天，在我们返校的途中，当我向松田老师了解宿泊体验学习活动的意义时，他没有过多地谈起本次活动的收获，而是部分引用了日本筑波大学的研究成果，让我信服。该研究成果表明，长期的住宿体验学习活动对孩子们"生存能力"的提高带来了影响。通过对宿泊体验学习前与宿泊体验学习后对照比较，心理学统计值显示，学生的"心理社会能力"存在明显差异。

11. 穿越历史：与克里希那穆提的对话

克里希那穆提（Jiddu Krishnamurti，1895—1986），印度著名的哲学家，被公认为 20 世纪最伟大的灵性导师。他一生走访全球 70 余个国家并发表演讲，他的演讲被辑录成逾 80 本书，并被译成 50 多个国家的语言文字，在西方有着广泛而深远的影响。其中有关教育类书籍主要有《一生的学习》《教育就是解放心灵》等。

罗朝猛："素质教育轰轰烈烈，应试教育扎扎实实"，这是当下我国基础教育的真实写照。据相关媒体报道，2012 年 5 月，为提高考生高考成绩，在湖北省孝感市某中学高三某班出现了"吊瓶班"；2013 年 4 月，湖北省恩施自治州某中学在校园为该校 2012 年高考状元立雕塑。"吊瓶班"现象和"状元被立雕像"事件，绝不仅仅是两场闹剧或巧合。我想冒昧请教您的是：为什么对高考成绩的重视、对高考状元的顶礼膜拜到如此程度？究其根源，到底在哪出现了问题？

克里希那穆提：在当下中国，出现上述你所转述的教育乱象，固然有这种那种原因，但我认为，还是在教育的源头认识上出现了严重偏差，即窄化甚至异化了教育的目的。教育，并非只是用来训练心智，训练提升了效率，然而却无法造就一个圆满的个人。换言之，教育并非只是获取知识，聚集事实，将之编集汇合，教育应把生活当成一个整体。

罗朝猛：您这一点拨，真让我茅塞顿开，遂使我想起了诸多教育名家关于教育目的的论述。全人教育论专家、日本著名教育家小原国芳曾指出：

"教育的目的不是考试，不是分数，不是名次，更不是让孩子患近视或神经衰弱。"他大声疾呼，那种为升学考试准备的教育，死记硬背的教育、填鸭式的教育，考试作弊的教育，预备学校的教育；等等，都是破坏真人的教育。麦金太尔认为，教育不应只具备工具性的目的，如帮助就业，增加工业产量，提高产品消费和服务水准，同时又反过来刺激生产等。一个只热衷于手段，而不考虑这些手段所带来的终极目的的社会是非理性的。

克里希那穆提：我非常赞同上述两位学者的观点。如果我们只是以知识填塞于孩子心中，使他通过种种考试，那我们又怎能建立起一个新的教育呢？其实，"吊瓶班"的背后是应试教育在作怪。一般情况下，雕像是为对社会有突出贡献的如科学家、英模、革命烈士等而立。为高考状元树立雕像有失公允，同时也有违教育的初衷。学校不能仅仅以考取清华大学为唯一评价准则，这样的做法会贻害无穷。

罗朝猛：针对我国"分分分，学生的命根"这种"学校病理"现象，我国资深学者资中筠教授在2012年香港书展发表演讲时痛心疾首地说，教育没有别的目的，就是奔着升学去。中国现在的教育，从幼儿园开始，传授的就是完全扼杀人的创造性和想象力的极端功利主义。中国的教育不改变，中国的人种都会退化，"这个过程就像退化土豆一样"。

克里希那穆提：资中筠教授发自肺腑的呐喊，并非夸大其词或危言耸听，她洞察到了中国教育尤其是基础教育的真正病灶。如果要我给中国当前教育号号脉的话，我还是要回到我前面所讲的，要解决好教育的根本问题，首先要廓清有关教育的目的问题。

罗朝猛：众所周知，教育目的实质上就是教育活动所要培养人的素质的预期结果，它指明教育要达到的标准或要求，说明办教育为什么，培养人要达到什么样的规格。在我们厘清了教育目的的基本含义之后，我想请您阐释一下教育的目的究竟是什么？

克里希那穆提：不同时期，哲人们对教育目的的理解与阐述各异，其中最具代表性的主要有："教育的目的在完成健全精神与健全身体"（洛克语）；"教育在使人的各项能力得到自然的进步的与均衡的发展"（裴斯泰洛齐语）；"教育的主要目的，在广泛意义上就是"塑造人"，或者更确切地说，帮助儿童成为充分成型的和完全无缺的人"（马里坦语）；"一切教育努力的根本目的应该是帮助男女儿童尽其可能达到最高度个人发展"（沛西·能语）；"在学习社会中，每个人要学习的不只是谋生能力，更重要的是成为一个完整的、充满活力的人"（赫钦斯语）。在我看来，教育的目的，并非制造学者、专家、寻找工作的人，而是培养完整的男男女女。综上所述，尽管各位先贤对教育目的表述不尽完全相同，但有一个相同点就是培养完整的人。

罗朝猛：是的，我理解正确的教育就是要"塑人"，但随着时代的变迁与社会的进步与发展，教育目的的内涵也在不断丰富与发展。

克里希那穆提：说到此，我还想对教育目的再补充两句：正确的教育，一方面鼓励技术的学习，同时也应该完成某种更重要的事情。它应该帮助人去体验生活的完整过程；教育的最大任务在于产生一个完整的人，能将生活加以完整地处理。

罗朝猛：看来您特别强调教育就是为了培养"完人"。为了塑造"完人"，我国基础教育课程改革实施纲要明确提出：教育的追求，除了学业成绩，还有学习态度，创新精神，动手实践能力，解决问题能力，科学探究的精神以及健康审美的情趣。这一论述告诉我们，学习书本知识不是唯一的目的，更不是为了追求那个"一百分"。

克里希那穆提：我听说，中国这次新课程改革的核心目标，就是要引导学生学会学习、学会合作、学会生存、学会做人，以此打破传统的基于精英主义思想和升学取向的过于狭窄的课程定位，关注学生"全人"的发展。

罗朝猛：您说到我国开始注重"全人"的发展，但现实社会仍然是片面重视教育的功利价值，可以说，在我国出现了两个极端、不可理喻的现象，一是信奉"书中自有黄金屋、颜如玉"，上好大学，找好工作，赚大钱，故"一心只读圣贤书"；二是认为读书没有用，不如早点出去打工赚钱，所以导致了不少学生辍学或弃考。您如何看待这样的问题？

克里希那穆提：现在的教育所关心的是外在的效率，它完全忽视或有意歪曲人的内心，它只是发展人的某一部分，而让其他部分自生自灭。你所指的现象，还是归结于把教育目的完全功利化了，这样，一则不利于人的素质的全面发展，不利于人的个性的自我完善，同时，也不利于社会的和谐、稳定和全面发展。苏联著名教育家苏霍姆林斯基认为，学习决不仅仅是为了工作，它还有丰富个人精神生活的价值；教育也不仅仅是为了使学生成为具有某种劳动能力的社会成员，它还可以使人获得能够真正像一个人一样生活的丰富的精神世界。福禄倍尔曾说过："绘画配色的作业，并不是要培养一个未来的画家；进行唱歌的教学，也不是有意地训练一个未来的音乐家。设置这些功课的目的，只是使年轻人获得全面的发展，并且揭示他的本性。"

罗朝猛：上述您和福禄倍尔都讲到人的全面发展，教育能助力人的全面发展吗？对此，我有疑惑，请您帮助释疑解惑。

克里希那穆提：请注意，人的素质的全面发展是相对于片面发展和畸形发展而言的，它主要包括两个层次的含义：一是指人的素质在各个基本要素方面都必须获得基本的、统一的和谐发展；二是指人的素质的各要素中的诸因素方面，也应尽可能获得多方面的发展。

罗朝猛：联合国教科文组织在其《教育——财富蕴藏其中》一书中对教育的目的与功能做了这样的阐述：教育应当促进每个人的全面发展，即身心、智力、敏感性、审美意识、个人责任感、精神价值等方面的发展。

克里希那穆提：按照马克思关于人的全面发展的论述，教育是培养和造就全面发展的个人的重要途径。我以为，真正的教育，乃是帮助个人，使其成熟、自由，绽放于爱与善良之中，这才是我们应该关心的事。

罗朝猛：您真是一语中的。我国的教育目的尽管不同时期有不同表述与提法，但都有其共同规定性，都是根据社会发展的需要，力图以马克思主义关于人的全面发展学说为理论基础，反映了我国社会主义教育的目的基本性质。此外，社会与个体的现实需要和未来需要，都是制定我国学校教育目的的实践依据。培养劳动者，全面发展，是我国教育目的的两个基本点，其中全面发展包括德、智、体、美、劳诸方面的发展。

　　克里希那穆提：美国学者托尼·瓦格纳在其新著《教育大未来》一书中，从未来社会需要什么样的人才的视角进行缜密分析，指出成功的教育应培养学生七大能力，即：批判性思考与解决问题的能力、跨界合作与以身作则的领导力、灵活性与适应力、主动进取与开创精神、有效的口头与书面沟通能力、评估与分析信息的能力、好奇心与想象力。也许，他所提出的培养学生七大能力，对指导我们当下的学校教育具有一定的借鉴意义与参考价值。

　　罗朝猛：非常感谢您的智语。您的睿言引发并促使我们思考，当下乃至未来，我们的学校教育，在价值取向上，要坚持促进学生个体发展与促进社会发展的辩证统一；在发展内容上，既要重视文化素质，更要重视生理的、心理的、思想的素质；在发展对象上，既要重视学生群体的一般素质的发展，又要重视学生个体的发展，重视每个学生个性化发展。

观万花筒下的域外教育

近些年来，一些教育发达国家，尽管各国国情不同、教育制度有差异、各自所处的发展阶段不一样，为推进教育现代化的进程；为全面提升教育质量；为解决公立教育系统中所面临的难题，各自都使出了自己的"杀手锏"：教育立法、出台新政、体制变革、课程改革、课堂转型、锻造师资、督导转向，等等。

伴随着这些发达国家的整体教育改革，各种当代教育思潮、各种教育理论、各种教学方法流派、各种办学理念、各种课堂教学模式、各种教学主张等如雨后春笋般相继"浮出水面"，让人雾里看花，甚至茫然与不知所措。

众所周知，我国教育在上世纪五六十年代学苏联老大哥，教育学的理论基本照搬凯洛夫的那一套。自改革开放以来，我国赶学欧美，布卢姆教育目标分类学、建构主义学习理论、多元智力理论等，相继引入到我国被当作教育教学实践的"圣旨"。近十多年来，北京师范大学、中国教育科学院、华东师范大学等相继邀请日本知名学者左藤学教授来我国讲学，同时，我国出版了左藤学教授的《教师的挑战：宁静的课堂革命》、《学校的挑战：创建学习共同体》、《静悄悄的革命：课堂改变，学校就改变》、《教育方法学》等，似乎左藤学旋风在我国刮得正浓。

寻变
与域外教育面对面

面对万花筒下的域外教育，在我看来，无论是教育行政官员、大学教育学教授、教育科研机构研究人员，还是中小学校长和教师，第一，我们应以宽广的胸怀、平等包容互鉴的态度拥抱域外教育；第二，主动学习、关注和了解域外教育的发展进程和其前沿阵地，让我们的脉搏与之一起跳动；第三，要用自己的慧眼去观察与甄别域外教育，要分清良莠，有时需要用放大镜，有时又需要用显微镜，但千万不要带着有色眼镜来观察域外教育；第四，在学习互鉴域外教育的过程中，我们要吸收消化，去伪存真，去粗存精，洋为中用，为我所用；第五，我们不要道听途说，人云亦云，盲人摸象，断章取义，甚至以讹传讹，误读域外教育。

面对万花筒下的域外教育，我们也要警惕"外国的月亮比中国圆"这种心态对我国教育的影响，盲目模仿和照搬国外的一套不可取。其实，发达国家的教育各有难念的一本"经"。美国在小布什时代，企图通过出台《不让一个孩子掉队法案》来提升美国基础教育质量，自该教育法案颁布七年过去了，美国教育质量未见明显提升。针对美国教育出现的种种问题，美国学者戴安·拉维奇在其专著《美国学校体制的生与死》中，对美国以往和现行教育体制、教育政策等进行了猛烈抨击。美国教育体制所暴露的弊端、公立学校系统中所存在的"痼疾"远比我们所想象的要多与顽固。

自我国上海学生 2009 年首次参加国际学生评价项目（PISA）博得头筹以来，世界一些国家对上海的教育好评如潮。有美国媒体报道说，世界上最好的公立学校在上海。2014 年 2 月，英国教育和儿童事务部副部长莉兹·特鲁斯带团来上海考察"取经"。近年来，我国中小学数学教师应邀进驻英国学校教授英国学生数学。英国的数学教学出了什么问题？英国的教育又怎么了？

据英国《卫报》网站报道，英国教育标准局总督学迈克尔·威尔肖爵士曾运用他的第一份年度报告警示现行英国教育制度的完全不平等。他说，英国学生获取体面的受教育机会仍然还完全依赖他们居住在何地，有些学生就读好学校的几率还不到 50%。

我国已故国学大师钱穆先生在其《教育最大的错误是模仿西方》一文中，

开宗明义指出，今天，我们东方人的教育，第一大错误是在一意模仿西方，抄袭西方。不知道每一国家每一民族的教育，必然有自己的一套。

继而，钱先生又说：但这并不是说要我们故步自封，闭关自守。也不是要我们不懂得看重别人，不懂得学别人长处来补自己短处。但此种种应有限度，切不可要为学别人而遗忘了自己，更不可为要学别人而先破灭了自己。

纵观世界公立学校教育发展史，寻变，是永恒的主题，唯有改革创新才有出路：中西方公立教育发展至今天，各自在取得一定成就的同时，也遇到了不少不可回避的难题。在机遇与挑战并存的当下，我们要进一步拓展国际视野、擦亮未来眼光、坚持自身的特色，通过交流沟通、学习借鉴不断提升水平，通过国际合作解决面临的共同问题。

在拙著付梓之际，感谢民进中央副主席朱永新教授、深圳明德实验学校程红兵校长、人大附中肖远骑副校长和清华附小窦桂梅校长。研读朱永新教授的《外国教育观察》，品读程红兵校长的《"瞎子摸象"：书生校长的西方见识》，浏览肖远骑副校长的《教育的瞭望》，阅读窦桂梅校长的《我的教育视界》，从他们所介绍的域外教育专著中，萌发了写就《寻变：与域外教育面对面》的灵感。

浏览上述几位大家的作品，其共同特点就是，他们所讲述的域外教育，大多都是亲临现场所记录下的"教育故事"。与他们略有不同的是，《寻变：与域外教育面对面》一书，除了呈现笔者在日留学、考察异国学校所收获的"原汁原味"的域外教育外，笔者还充分发挥自身的语言优势，通过吸收和消化国外教育媒体所提供的第一手材料，牢牢抓住和及时跟进近些年来域外教育的重大关键性事件，进行梳理提炼，以客观理性的姿态"报道"与评述域外教育，这也就形成了此书自己的特色。

感谢福建教育出版社黄旭社长和策划编辑江华主任，是他们给我信心，在出版了拙著《亲历日本教育：一位留日教师的点墨走笔》之后，又赐予了出版此书的机遇。

感谢中山大学附属中学廖珂校长，是中山大学附中给我创造了相对宽松的研究氛围，没有学校多次给予出国考察交流的机会，就不可能深入到国外学校取到真"经"。

最后还要感谢《中国教工》编辑周利民老师、《中国教育报》"环球周刊"黄金鲁克先生、张东女士、《比较教育研究》编辑部主任张瑞芳女士、《上海教育》编辑部副主任徐晶晶女士、《东方教育时报》编辑部主任周慰女士、《教书育人·校长参考》编辑部主任朱福昌先生、《教师月刊》编辑部主任程晓云女士、《新教师》编辑朱蕴臣老师、《新班主任》编辑周琦老师等，是他们一次次的约稿，使得我写就的有关域外教育的文章能付诸报刊发表。拙著中的文字大都是从这些已发表在上述报刊的文稿中采撷而来。

还要特别感谢台湾著名作家龙应台女士和深圳市教育科学院蔡金花博士，拙著直接引用了她们的研究成果，给拙著添彩不少。

囿于作者的视野与水平，本书难免存在诸多疏漏与瑕疵，祈请各位读者批评雅正。

罗朝猛

2016 年 4 月 8 日

谨识于中山大学康乐园